Momentos de silencio

John Columbus Taylor

Momentos
de silencio

Con afirmaciones
de Louise L. Hay

EDICIONES URANO

Argentina - Colombia - España - México - Venezuela

Título original: *Moments of Silence*
Editor original: Hay House, Inc., Carson (California)
Traducción: Amelia Brito

© 1993 *by* John Colombus Taylor
© 1995 *by* EDICIONES URANO, S. A.
   Enric Granados, 113, pral. 1.ª - 08008 Barcelona

ISBN: 84-7953-104-5
Depósito legal: B. 19.726-95

Fotocomposición: Alejo Torres - C/ de la Nau, 1 - 08003 Barcelona
Impreso por I.G. Puresa, S.A. - Girona, 139 - 08203 Sabadell (Barcelona)

Printed in Spain

DEDICATORIA

Este libro está dedicado a todos aquellos de vosotros que buscáis respuestas. Vuestros interrogantes acerca de la vida y de por qué es como es, forman parte de la energía que contribuye a que de alguna manera surjan las respuestas. Los mensajes que presento aquí son una de las maneras en que se ponen a nuestra disposición estas respuestas.

Deseo expresar mi reconocimiento y mi más profunda gratitud a Sharon Huffman, sin cuyo aliento no se habría creado este libro. Durante mis momentos de preguntas, dudas y estrés, ella fue quien me animó a continuar. Deseo dar las gracias a Shari, que siempre creyó en mí a pesar de algunas apariencias; a Linda, Peggy, Kathy, Candace, Sheri, Gail, Greg, Dave, Roger, Patty, Amos, Barbara, Laura, Caren, Patricia, Emily y Robyn, por su amistad, su apoyo y muchísimo más. Agradezco a mi madre y mi padre, que tuvieron la paciencia y el amor necesarios para traer al mundo a cinco hijos maravillosos. También dedico este libro a todos ellos y a otras personas, conocidas y desconocidas, que me han ayudado a crecer y aprender.

Finalmente, quiero agradecer a Louise Hay su afecto y su valentía al darme esta oportunidad de presentaros un trabajo lleno de amor que a algunos tal vez les parecerá diferente y lleno de desafíos, pero que, con optimismo, espero que os estimule a todos en la búsqueda de la comprensión. Que tengáis la fortuna de encontrar lo que buscáis.

JOHN COLUMBUS TAYLOR

Índice

PRÓLOGO DE LOUISE L. HAY

La vida es maravillosa. He aprendido que lo que necesito saber se me revela, y que todas las personas que necesito conocer llegan a mí. Hace poco la vida me trajo a John Columbus Taylor y le estoy muy agradecida por ello.

¿Cuántas veces hemos buscado respuestas sólo para que éstas nos eludan? Sabemos que en el Universo hay una sabiduría infinita y que a todos nos gustaría utilizarla. Al parecer algunas personas están más conectadas que otras con su centro de sabiduría interior. John Columbus Taylor es uno de los que más lo están. Cuando se pone a hacer preguntas, hermosas respuestas brotan de su conciencia.

La esencia de esta información resuena en mi ser interior. Es clara y pura. Gran parte de ella es muy profunda. No siempre la comprenderemos, ni estaremos de acuerdo con todo inmediatamente. Sin embargo, a medida que crezcamos en entendimiento, veremos la sabiduría en cada frase.

Por lo tanto, este libro es para tenerlo junto a la cama o el sillón favorito, para abrirlo cada día por donde se quiera. El mensaje que leas será el perfecto para ti en ese momento. Lee la página por donde lo has abierto y permítete asimilar la información. Después deja que la afirmación circule por tu mente durante el resto del día. O llévatela a dormir contigo. Si lo haces cada día, al final del año comprobarás cómo fluye tu sabiduría interior.

Cada uno de nosotros desea aumentar su comprensión de la vida y de los muchos problemas que plantea. Aquí está la sabiduría de este libro para estimularte a despertar a las fabulosas fuentes de tu ser. Ya tienes todas las respuestas en ti. Si por medio de este libro, John y yo podemos ayudarte a conectar con tu centro de recursos, estaremos muy contentos y habremos hecho bien nuestro trabajo.

Que todos continuemos creciendo en entendimiento y que la abundancia de todo lo bueno llene nuestra vida en todos los aspectos.

Eres un ser amado.

LOUISE L. HAY

INTRODUCCIÓN

Ha habido épocas en mi vida en que he experimentado crisis y desafíos. Hace unos años comencé a salir al campo, lejos del ruido y las distracciones, a un lugar donde sencillamente podía sentarme junto a un árbol y pensar. En cierto modo, el hecho de estar en la naturaleza, por sí solo, tenía un efecto tranquilizador.

Comencé a hacerme preguntas, no sólo acerca de lo que me estaba sucediendo a mí sino también sobre muchos aspectos de la vida. Ante mi sorpresa y alegría, incluso en esos momentos más difíciles encontré en mi interior una conexión con palabras de sabiduría y aliento. Los retiros periódicos, lejos de las tensiones de la vida cotidiana, se han convertido en una parte necesaria de mi experiencia.

Comencé a llevar conmigo lápiz y papel en estos viajes. La información que recibía de mi interior a menudo era muy concreta. Otras veces las palabras eran poéticas e intemporales en su simplicidad y belleza. La finalidad de este libro es comunicarte parte de esa sabiduría que tanto ha significado para mí.

Tal vez todos atravesamos periodos en que parece no haber respuestas, cuando las dificultades son casi insoportables. Sin embargo, cada vez que he pasado por esos momentos bajos, de mi interior salían palabras y sugerencias para guiarme y orientarme hacia una alegría y una felicidad mayores. Es mi deseo que estas palabras te estimulen a conectar con tu propia gran fuente de inspiración y comprensión, la que tienes en tu interior.

JOHN COLUMBUS TAYLOR

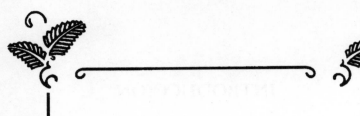

*Mi actitud
de amor
y compasión
crea un mundo
hermoso.*

ACTITUDES

Las actitudes y los sentimientos permiten al pensamiento manifestarse en la realidad. Las actitudes son el filtro espiritual armónico a través del cual se expresa el ser y se perciben nuestras creaciones.

Para aquellas personas que tienen una actitud de amor y compasión, el mundo es una experiencia muy hermosa, maravillosa, y la vida les devuelve aumentado lo que son. Para aquellas que tienen una actitud de miedo y odio, que condenan y juzgan a alguien o algo sin conocerlo primero, cosa que por desgracia no pueden hacer debido a su miedo, la vida igualmente les devuelve su percepción de sí mismas. Esta actitud se transforma entonces en algo tan oscuro que no permite que ninguna luz irradie desde el centro del ser de la persona.

Sin embargo, el destino de todos es conocer nuestra divinidad. Y hemos de aceptar la responsabilidad de nuestros pensamientos y sentimientos, porque son nuestras propias creaciones. Todos tenemos el poder y el derecho, en cualquier momento, de elegir lo que vamos a pensar o sentir. Las circunstancias no crean el sentimiento; es el pensamiento el que crea las circunstancias.

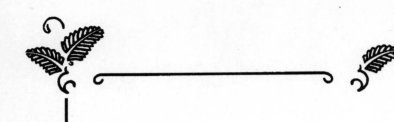

*Mis adicciones
son la vida,
el amor,
la alegría
y la felicidad.*

ADICCIONES

Las adicciones son la consecuencia de vivir en el miedo y la rabia. De este modo la mente intenta negar lo que en realidad se piensa y se siente. Reprimiendo las emociones sólo se retrasa la curación que con tanta desesperación se busca. Las substancias o experiencias que se usan para reprimir los sentimientos son sólo sucedáneos del amor y la alegría que el alma y el corazón realmente desean.

Cuando empieces a amarte, descubrirás que la alegría y la felicidad verdaderas son el resultado de expresar amor y compasión a tus hermanos y hermanas. Hay muchas personas dispuestas a ayudarnos cuando estamos dispuestos a sanar. Vale la pena hacer el esfuerzo necesario para sanar.

Si deseas liberarte de las adicciones, primero debes tener el valor de enfrentarte al miedo y la rabia que has estado negando. Comprende que el miedo es tu propia creación, y es imposible que la creación sea más poderosa que su creador. Permite entonces que tus amigos te ayuden y que tus adicciones sean la vida, el amor, la alegría y la felicidad.

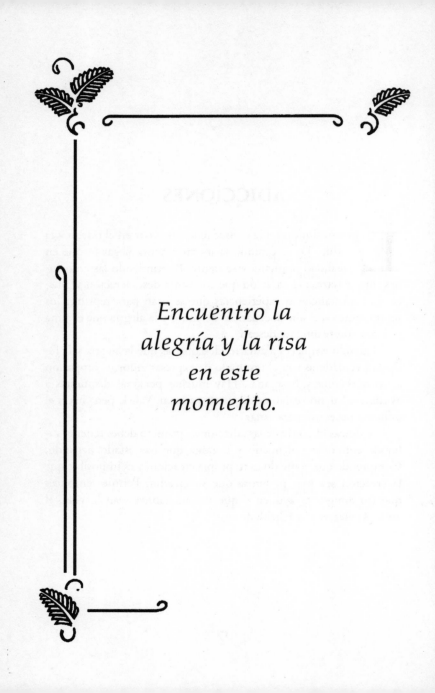

*Encuentro la
alegría y la risa
en este
momento.*

ALEGRÍA

La alegría y la risa son la música de los niños, la liberación de la mente de todo cuidado y dirección en la vida. Es la elevación de los pensamientos y emociones más allá de las limitaciones y miedos autoimpuestos, hacia esa especial paz interior. La risa es la expresión del corazón cuando se permite que habite en él la alegría. Y la alegría es el destino del alma que ama la vida.

¿Cómo se puede encontrar la experiencia de la alegría? Estando en el momento presente, y no en el ayer ni en el mañana. Es el reconocimiento de que la vida es una juguetona exploración en pos del descubrimiento y no un serio conjunto de circunstancias. Es el conocimiento y la comprensión de los principios de la vida, no como reglas ni reglamentos, sino en la libertad de la verdad y del simple ser. Está en la euforia de dar amor a todas las benditas creaciones de la vida, y no en los juicios y condenas. En ella uno es como un niño, sin temores, sin críticas, sólo con risas y alegría mientras juega con la vida.

Con agradecimiento me nutro con el alimento de la vida.

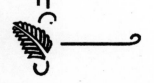

ALIMENTO

Aliméntate de la vida para poder vivir. ¿Cómo puede nutrir lo vivo aquello que está muerto? Porque lo vivo da vida, y lo muerto muerte. Cuando matas lo que vive, pensando sólo en comer, sabes a muerte. Cuando bendices el mayor de los sacrificios, entonces te alimentas del sustento de lo eterno, de la luz del amor. Entonces también tú devuelves vida a la vida.

La bendición de un trozo de pan te da más vida que los festines de los reyes y reinas. No es el qué, sino el cómo. Ahí está la respuesta: no en las comilonas de los tontos glotones, sino en la humilde acción de gracias del corazón agradecido. Para los humildes, todo está vivo y todo ha de ser reverenciado. Su alimento es la luz, y su regalo la vida eterna.

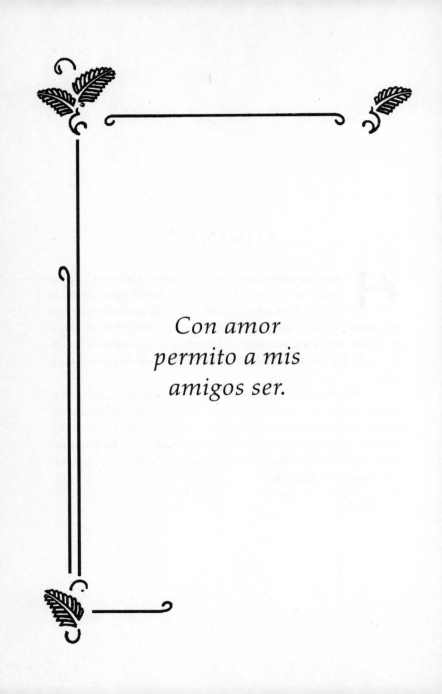

*Con amor
permito a mis
amigos ser.*

AMIGOS

Aquel que se llame tu amigo habrá de escuchar solamente a tu corazón y ayudar a tu comprensión. Aquel que movido por el fariseísmo te dé consejos no solicitados, no es tu amigo. Aquel que te haga ser dependiente sólo busca esclavizarte. Aquel que te cubra de obsequios busca endeudarte, porque ni siquiera es su propio amigo. Y aquel cuyos labios mienten en tu ausencia, perecerá víctima de su propia aflicción.

Que tus amigos sean aquellos que te hablan de la verdad y la sabiduría de los tiempos, pero no las usan como arma. Que tus amigos sean aquellos que se dedican a tu prosperidad y no a tus aparentes carencias o limitaciones. Que tus amigos sean aquellos que te ayudan a sanar, porque entonces también sanan ellos. Que tus amigos sean aquellos que simplemente te permiten ser, sin juicios ni acusaciones. Permíteles que nutran tu crecimiento a su debido tiempo en lugar de hacerte ser lo que no eres. Y cuando encuentres a personas que sean todo esto, aprécialos muchísimo y sé también su amigo.

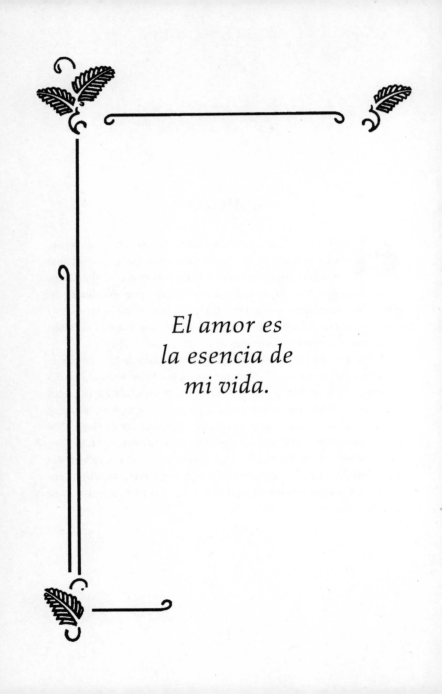

*El amor es
la esencia de
mi vida.*

AMOR

Amar es dar, no sólo la emoción, sino la esencia de la vida misma. No puedes amar a tu padre o tu madre, a tus hijos, tus amigos o tu pareja, no puedes conocer el amor, hasta no haber probado la vida. Porque la vida es la esencia del ser, y el amor es el soporte de la vida.

Amar es abrazar con la mayor alegría la experiencia de la propia divinidad.

Amar es sentir el éxtasis al unirse y formar una unidad con la pareja.

Amar es crear a partir de la perfección que el poder y la gracia de la vida nos dan.

Amar es contemplar la belleza del nacimiento y de la muerte.

Amar es ver a todo el Universo inmerso en los amantes brazos de la vida.

Amar es conocer la vida.

Y conocer la vida es formar una unidad con el Universo.

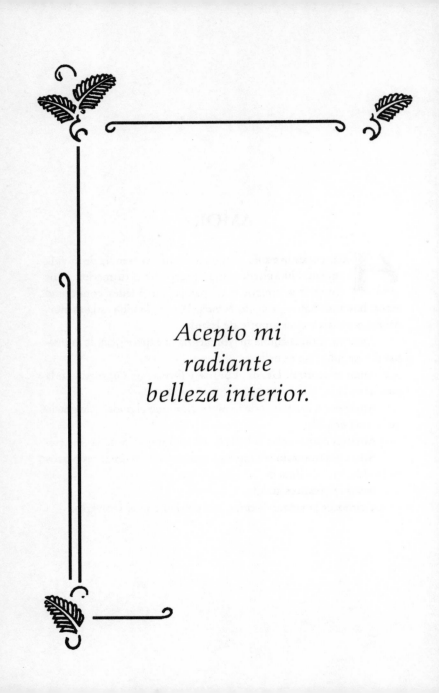

*Acepto mi
radiante
belleza interior.*

BELLEZA

La belleza es la esencia del ser y todos somos personas hermosas. No vemos esa esencia cuando juzgamos desde nuestras perspectivas limitadas. No juzgues por las apariencias, porque toda vida posee belleza, pues habita en la eternidad y no sólo en tu mente.

Una flor es bella en su simplicidad. No te necesita a ti para ser lo que es. Un niño es bello en su juego despreocupado, y es así un gran maestro para ti. Una estrella es bella en su esplendor nocturno, cuando baña suavemente la noche en destellos de luz. Te habla de tu belleza y tu esplendor eternos. Hay belleza incluso en la muerte, porque es pasar una puerta hacia una luz, un amor, una alegría y una paz mayores.

La belleza no está sólo en los ojos del espectador. Cuando te permitas ver la belleza de la vida, reconocerás y aceptarás tu belleza interior. Entonces tu propia belleza resplandecerá tanto como una estrella fulgurante.

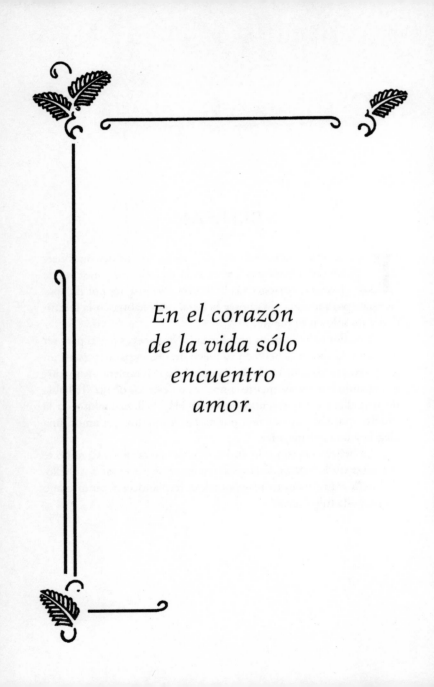

*En el corazón
de la vida sólo
encuentro
amor.*

BIEN Y MAL

hablar del bien y del mal es examinar las dos caras de una misma moneda. Es una sola moneda, con una dualidad de perspectivas. Cuando se acepta que una moneda es sólo una moneda, entonces se entiende la diferencia. ¿Qué es el odio sino el olvido del amor? ¿Y qué es una mentira sino una deformación de la verdad? Sin embargo, todos tenemos una historia que contar sobre lo que la vida es y lo que no es para nosotros.

¿Quién tiene razón y quién está equivocado? La verdad es relativa, depende del punto de vista del observador. Correcto y equivocado, bueno y malo, son polaridades, juicios emitidos por la mente. Nadie es tan notable ni suficientemente sabio para ser el juez de otra persona.

Bueno y malo son creaciones de una mente polarizada y no la amororosa observación de la vida sencillamente tal como es. Sólo en la mente de la humanidad puede haber algo menos que la perfección de la vida. En el corazón de la vida sólo hay amor.

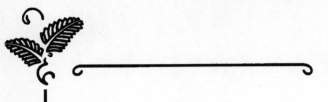

La bondad que doy
vuelve a mí
multiplicada.

BONDAD

La bondad es un aspecto de la expresión del amor. Cuando somos bondadosos demostramos a los demás, con palabras y obras, que los amamos y comprendemos. Al ser bondadoso contigo y con los demás, no renuncias a nada que sea para tu mayor bien, pero puede haber momentos en que la bondad te exija que abandones los deseos del ego para buscar el mayor bien para todos en ese momento. Mientras la compasión y el amor son sentimientos que se llevan dentro, la bondad es su actividad exterior y su manifestación.

Hay un equilibrio y una serenidad en la expresión de la bondad que contribuyen a eliminar la tensión de las expectativas. Hay un sentimiento de gratitud producido por el hecho de saber que esa bondad nos será devuelta algún día cuando más la necesitemos. Hay estabilidad y fuerza en la expresión de la bondad, porque se requiere valor para dejar de lado toda crítica y todo juicio. Además, está la expansión del amor interior que hace posible que ocurran milagros con más facilidad. No vaciles en ser bondadoso contigo y con los demás. El amor, la compasión y la conciencia que nacen de la bondad son joyas preciosas en la corona de tu vida.

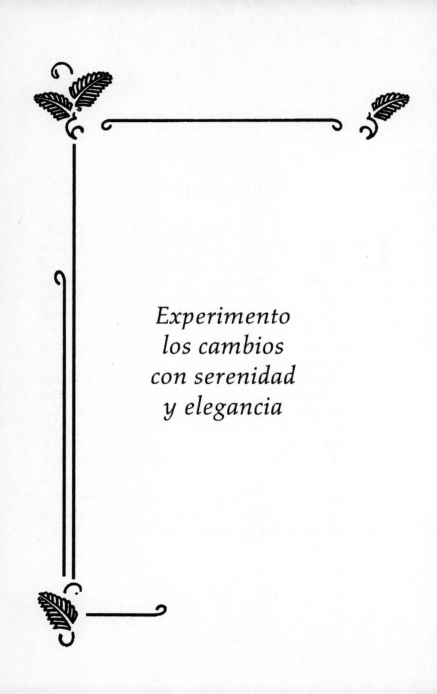

*Experimento
los cambios
con serenidad
y elegancia*

CAMBIO

En tu vida el cambio es el indicador de crecimiento en los niveles más profundos de tu ser. Muchas veces deseas un cambio e incluso lo pides, pero cuando llega te da miedo. Vives en una época de grandes cambios, simplemente porque el planeta está experimentando mucho crecimiento espiritual. En lugar de temer o resistirte al cambio, acógelo con los brazos abiertos. Es un regalo de la vida y el precursor de una felicidad y una liberad mayores.

Para cambiar tu experiencia de la vida has de cambiar tus actitudes y tus creencias. Es un proceso interior. La realidad exterior es un reflejo de tu yo y de tus creencias vitales. A medida que ensanches tu conciencia, irán cambiando tus creencias sobre el mundo. Cuando cambien tus creencias, cambiarán tus experiencias.

No te quedes atrapado en el remolino de los cambios y acontecimientos exteriores que están ocurriendo. Busca en tu interior el cimiento sólido de saber quién eres en realidad. La serenidad y la paz del conocimiento interior te ayudarán pasar con más facilidad por los periodos de cambio, con serenidad y elegancia. Al hacerlo, podrás ser una luz de amor y comprensión para la humanidad durante esta maravillosa época de expansión, crecimiento y cambio. Y emergerás del proceso con un recuerdo más claro de tu divinidad.

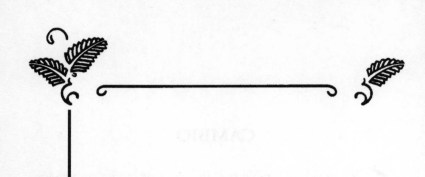

*Mi
comprensión
de la vida
es compasiva
y amorosa.*

COMPASIÓN

La compasión es el amor de un corazón comprensivo al ver en otro lo que ha conocido en sí mismo. La compasión no es lástima, porque la lástima se queda inmovilizada en las lágrimas. No es aflicción, porque la aflicción se queda estancada en la inacción. Tampoco es pesar, porque conoce la belleza del crecimiento.

Igual que la vida, la compasión «permite», porque la más elevada experiencia del amor consiste en permitir. Cuanto más conoces a tus hermanos y hermanas, más te ves a ti en esos espejos que te ofrece la vida. Cuanto más profundo es tu sentimiento de compasión, más perdón encuentras en tu interior y más profunda, aunque sencilla, es tu comprensión de la vida. Porque mediante la compasión te aseguras un lugar en el amoroso corazón de la eternidad.

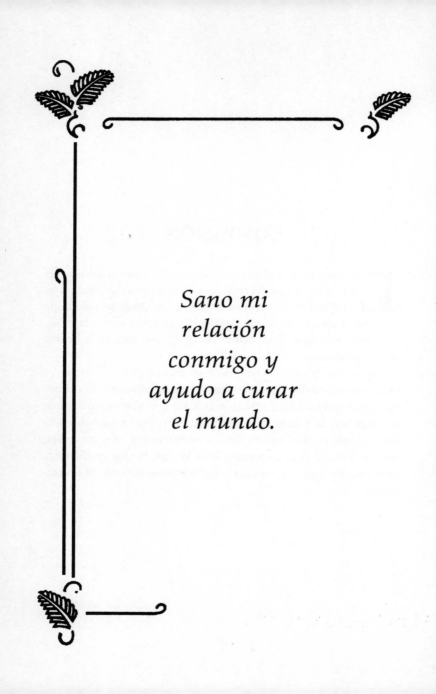

*Sano mi
relación
conmigo y
ayudo a curar
el mundo.*

COMUNIDAD

La necesidad de pertenencia crea las comunidades. Deseas estar con otras personas que piensen como tú y tengan valores y objetivos similares. Las naciones son una prolongación de un conjunto mayor de valores y objetivos. Pero todos pertenecemos a la comunidad de la humanidad, y en ese sentido tenemos la responsabilidad de ver el valor de todo lo que vive sobre el planeta, también de la vida humana. Hemos de aprender a considerar las diferencias no como problemas, sino como oportunidades para ampliar las posibilidades de nuestras vidas individuales y para aumentar nuestra capacidad de expresar amor.

Actualmente hay una gran necesidad de sanar las diferencias que nos han hecho beligerantes y competitivos. Muchos de los desafíos con que nos enfrentamos sólo se pueden resolver con la cooperación de todo el mundo. Las relaciones internacionales e interraciales han adquirido mucha más importancia debido a la velocidad con que avanzan la evolución y la tecnología, y a los riesgos impuestos por la inadecuada administración de los recursos mundiales. La independencia es una maravillosa cualidad que ha de estar equilibrada con el reconocimiento de que vivimos en el mismo trozo de tierra que se mueve por el espacio. Lo que haces tú afecta a todas las demás personas, y lo que hace todo el mundo te afecta a ti. Cada uno de nosotros está conectado con todo lo que vive, mucho más de lo que nos damos cuenta.

El éxito de estas relaciones más amplias depende de la relación que cada uno de nosotros tiene consigo mismo. Sanemos eso, y las relaciones entre comunidades y naciones también sanarán.

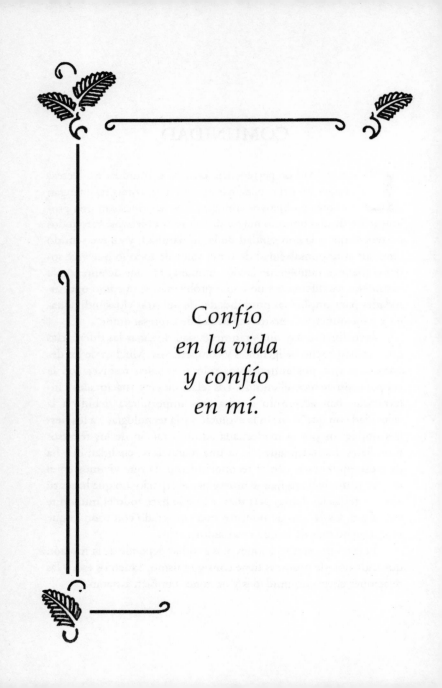

*Confío
en la vida
y confío
en mí.*

CONFIANZA

¿Cómo se puede confiar cuando se vive con miedo? ¿Y cómo se puede conocer la confianza si nunca se busca la quietud en la cual ésta habla? Porque la confianza no es simplemente la fe que mueve las montañas y calma las tormentas. Es la esencia de la verdad que buscamos en nuestro interior.

Confiar es dejar marchar la necesidad de la mente de controlar la vida. Es sencillamente permitir que la vida sea tal como es.

Confiar es saber que hay un poder interior que trasciende las perspectivas limitadas de la mente y el intelecto.

Confiar es ver más allá de las apariencias y abrazar cada deseo dichoso como ya cumplido.

Aprendes a confiar cuando dejas marchar el miedo de la mente, con su limitada percepción de la vida.

Abrazas la confianza cuando vives consciente de tu propia unicidad.

Y vives en la confianza cuando permites que el poder del alma cree milagros.

Con la confianza encontramos nuestro lugar en la «eternidad», como los maestros que realmente somos.

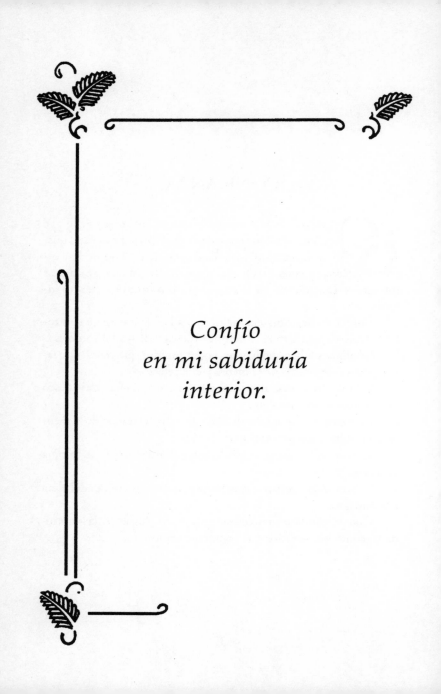

Confío
en mi sabiduría
interior.

CONSEJOS

Buscas consejo en los demás porque no escuchas la verdad de tu propio ser que te habla desde las profundidades de tu corazón y tu alma. Pero, ¿cómo vas a oír a tu sabiduría en medio del bullicio, la confusión y el miedo que creas? Tu mente suele estar tan absorta en las ilusiones engañosas de la vida que te has desconectado de tu corazón.

No hagas caso de los consejos de los demás, aunque sean bien intencionados, porque ellos no conocen tus pensamientos ni deseos más profundos. Su opinión de ti está nublada por sus propios temores, y ni siquiera pueden aconsejarse a sí mismos. Pero si desean ser tus amigos, permíteles que te hablen de su diferente perspectiva, no como consejos, sino para ofrecerte más conocimientos sobre las oportunidades de que dispones en tu camino.

No te precipites a tomar decisiones cuando tengas miedo o rabia, porque en la quietud y a su debido tiempo tu sabiduría interior te hará evidente la elección. El mejor consejo es no seguir los consejos de los demás, sino fundamentalmente sólo los propios.

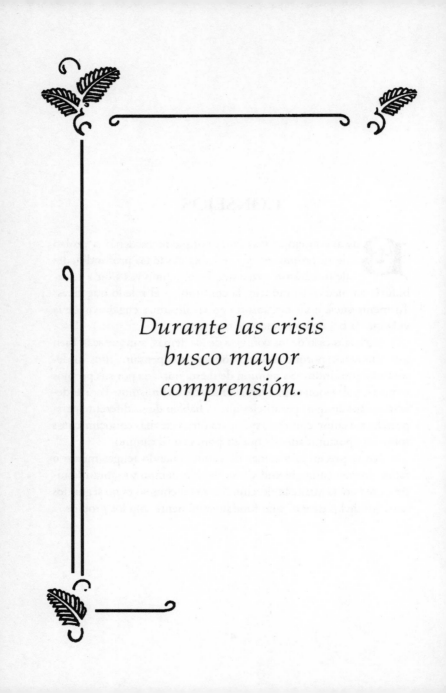

*Durante las crisis
busco mayor
comprensión.*

CRISIS

La finalidad de las crisis es que el ego se rinda y acepte la realidad de que hay una parte superior en uno mismo. Durante demasiado tiempo hemos negado nuestra divinidad. No hemos hecho caso de las enseñanzas de la vida y nos hemos negado a aceptar el verdadero poder de nuestros pensamientos y sentimientos. Una crisis nos obliga a mirar más profundamente en nuestro interior con el fin de encontrar el poder necesario para solucionar el problema.

Una crisis es una llamada de nuestra alma y nuestro corazón para que despertemos y nos demos cuenta de que no estamos viviendo en armonía con la vida y sus principios. Es una de las maneras que tiene la vida de obligarnos a buscar una mayor comprensión. Durante los momentos dolorosos de una crisis tenemos más probabilidades de ser humildes y estamos más dispuestos a escuchar y aprender. Sabemos que hemos aprendido si la crisis no se repite. Sin embargo, si volvemos a experimentar las mismas dificultades, eso quiere decir que hemos sido demasiado rígidos y dogmáticos en alguna parte de nuestra conciencia. ¿Quieres rendirte ahora al amor interior?

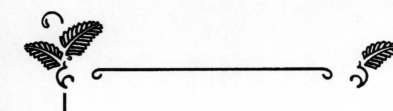

*Estoy libre de culpa
y ya no necesito
esa experiencia de
aprendizaje.*

CULPA

La culpa es un sentimiento basado en el pensamiento de que se ha hecho algo malo. Es la sensación de estar separados de nuestra libertad de ser ló que elegimos ser. Nos cargamos con la culpa siempre que abandonamos el pensamiento del amor. Si verdaderamente se habita en el amor, no se cometen actos cuyo fruto es la culpa. La vida jamás nos juzga y somos eternamente perdonados.

Escucha a tu corazón, porque allí están las respuestas a todas tus preguntas. La culpa es creación nuestra; simplemente necesitamos pasar por esa experiencia, pero una sola vez es suficiente para obtener esa sabiduría.

Cuando estamos en armonía con la creación de la perfección, toda culpa desaparece. En la eternidad de la vida todos hemos sido perdonados de cualquier acto que suponíamos errado. En el momento en que aceptamos el perdón, comenzamos a crearnos una nueva vida con un objetivo divino libre de culpa y de pesar.

El pesar retarda el crecimiento, la rabia disipa la compasión, y la culpa deja estancada la vida. Pero la verdad engendra verdad, y en el amor la vida florece con una belleza radiante y eterna.

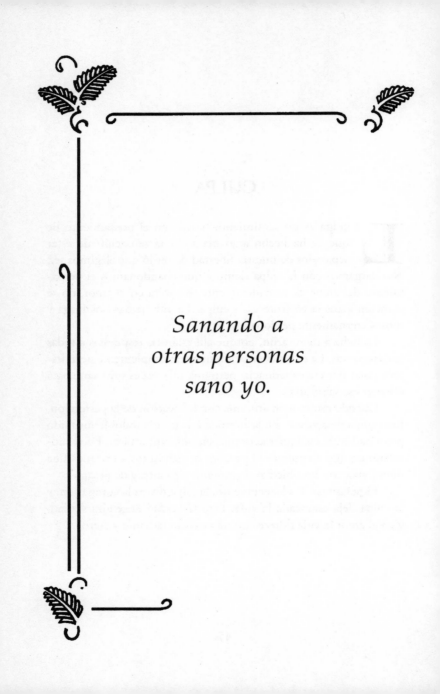

*Sanando a
otras personas
sano yo.*

CURACIÓN

La curación es el arte de expresar amor por nuestros hermanos y hermanas. Cuando los alentamos, sanamos sus heridas de temor.

Cuando les perdonamos sus errores, sanamos su supuesta culpa.

Cuando atendemos a sus necesidades corporales, sanamos su aparente carencia.

Cuando les ofrecemos compasión, sanamos su angustia y su miedo.

Cuando los abrazamos, sanamos su sensación de soledad.

Cuando les enseñamos la verdad, sanamos su ignorancia.

Cuando les participamos de una belleza de la creación, sanamos su percepción.

Cuando los elogiamos simplemente por ser, sanamos su estima personal.

Cuando les damos amor de corazón, sanamos su separación de la vida.

Cuando hacemos estas cosas por otra persona, las hacemos por nosotros mismos y también sanamos.

*Doy con amor
y recibo
con amor.*

DAR

Cuando des algo a alguien, que sea sin condiciones ni expectativas. Que la recompensa esté en el propio acto de dar, y no en las esperadas expresiones de gratitud. Y cuando otra persona desee darte algo, no rehúses su expresión de amor, y da las gracias a la vida en el silencio de tu ser. Porque en el constante fluir de la vida quien da es quien más recibe, y quien recibe es quien más da.

Cuando des, hazlo con el corazón agradecido, aceptando humildemente que has crecido para permitir que el amor se exprese más a través de ti. Cuando recibas, hazlo también en silenciosa gratitud, porque lo que has dado ha vuelto a ti aumentado.

Todo lo que sale de ti en palabras, pensamientos o actos vuelve a ti con los mismos sentimientos con que los enviaste. Y es mejor que des algo al corazón de diez personas que a la mente de diez mil.

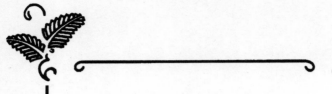

*Mis decisiones
están en
consonancia
con el
crecimiento de
mi alma.*

DECISIONES

Cuando te encuentres ante una elección, escucha los impulsos de tu corazón en su deseo de crear a partir del amor el mayor bien para todos. Hay ocasiones en que la elección puede parecer difícil porque presenta muchos desafíos. Estos retos están ahí para nuestro crecimiento y el de las otras personas con quienes compartimos la experiencia de la vida.

No elijas siempre el camino fácil, porque su falsa seguridad estanca el alma. Ten el valor de escoger el crecimiento, aunque a veces pueda conducir al dolor, porque abre la puerta a la comprensión y la compasión. Ten el valor de elegir el desafío, aunque su sabor sea agridulce, porque en él prospera la vida y se encuentra la sabiduría. Ten el valor de escoger la verdad, aunque no comprendas sus muchas revelaciones, porque cada maestro tiene algo que decir sobre sus atisbos de la eternidad de su ser. Y ten el valor de escoger el amor, aunque te sientas humilde en su presencia, porque en la humildad saborearás la esencia de la vida, que es el amor.

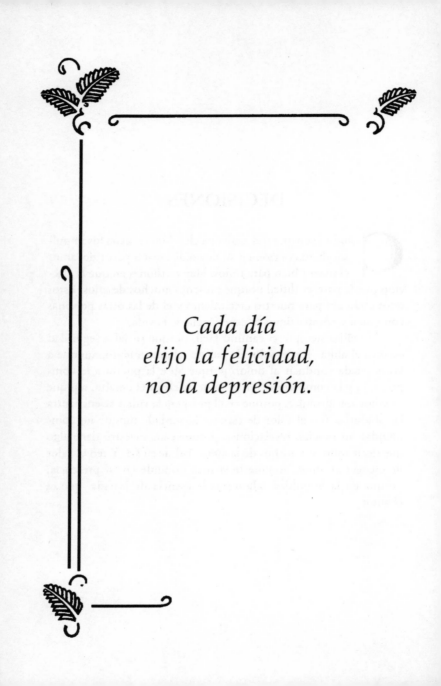

*Cada día
elijo la felicidad,
no la depresión.*

DEPRESIÓN

La depresión es un sentimiento de pérdida. Sentimos depresión siempre que algo a lo que estábamos apegados o con lo cual se identificaba nuestro ego abandona nuestra vida. La rabia reprimida suele convertirse en depresión porque inconscientemente hemos perdido la integridad y el respeto por nosotros mismos. Al negar el sentimiento de rabia, no hemos sido sinceros con nosotros mismos.

Para curar la depresión es necesario aprender a soltarse de los apegos. Una de las maneras más fáciles de hacerlo es comprender que nunca nada se va de nuestra vida a no ser que haya algo mejor en camino. No es necesario saber exactamente qué es ni cómo ni cuándo se va a manifestar. Sólo hay que sentir la inocencia y la ilusión infantiles, alegres y confiadas que ya están en nuestro interior.

A veces la finalidad de la pérdida es hacernos ver que nos hemos quedado aferrados a una persona o cosa como si fuera la fuente de nuestra felicidad. La felicidad es una parte innata de nuestra naturaleza. No depende de condiciones externas. En cualquier momento se puede elegir ser feliz. Pero en el proceso de elegir lo que deseamos sentir, no hay que negar los verdaderos sentimientos que tenemos. Eso es lo que hemos hecho durante demasiado tiempo. Nos sentiremos mucho más felices y nos liberaremos de la depresión con mucha mayor facilidad si somos sinceros con nosotros mismos y con los demás.

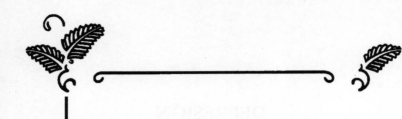

*Cada desafío
me ofrece
la oportunidad
de superar
mis limitaciones.*

DESAFÍOS

Con frecuencia nos encontramos ante tareas aparentemente imposibles. Están ahí para enseñarnos que todas las cosas son posibles en la vida ilimitada. La realización de estas tareas nos lleva a una mayor conciencia de nuestras capacidades a través del amor a la vida.

Recibe cada desafío como una bendición, porque quiere decir que estás preparado para crecer. Incluso en un aparente fracaso es un éxito, porque se aprende de los comportamientos que no producen lo que se desea. No juzgues la tarea por cómo la has hecho ni por el resultado que has obtenido; en lugar de ello, ve la belleza que encierra la comprensión de cómo crece constantemente tu conocimiento del universo. Agradece los desafíos. Son el deseo de tu alma de liberarse de las limitaciones.

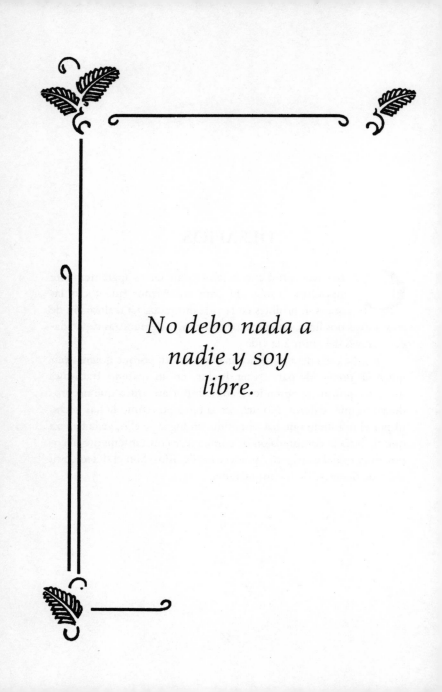

No debo nada a nadie y soy libre.

DEUDAS

La necesidad de pedir prestado y de endeudarnos se debe a nuestro niño interior malcriado que dice: «¡Quiero obtener lo que quiero en el momento en que lo quiero!». Tienes en tu interior un gran poder para crear. Pero la necesidad y el deseo tienen que ir unidos con la paciencia y la prudencia. De otra manera, en medio del endeudamiento, ya no somos libres para hacer elecciones ilimitadas y amorosas. La angustia que producen las deudas obstaculiza nuestra creatividad y nuestra imaginación.

Las deudas han esclavizado a la mayoría de las personas en el mundo. Han contribuido a causar enfermedades y guerras. La verdadera seguridad no proviene del dinero ni de las posesiones, sino de la sabiduría para reconocer lo que verdaderamente importa y lo que en realidad se necesita, y de la paciencia para permitir que la vida nos lo proporcione en el momento perfecto. No le debas nada a nadie y la libertad será tuya. Y cuando finalmente aprendas a dar sin condiciones, recibirás de la misma manera.

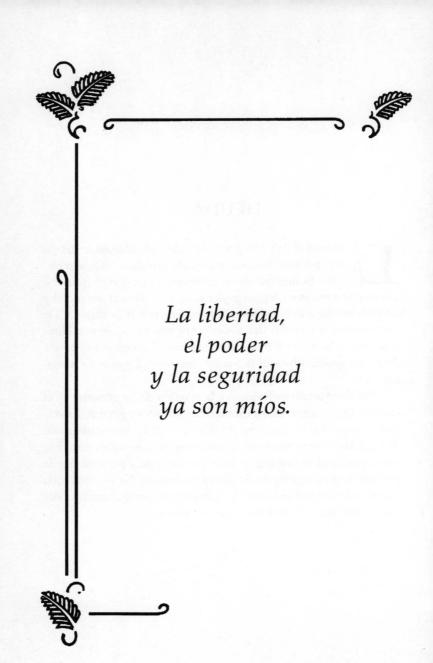

*La libertad,
el poder
y la seguridad
ya son míos.*

DINERO

En nuestro esfuerzo por amasar fortunas buscamos desesperadamente tres cosas: libertad, poder y seguridad. No sabemos que ya son nuestros. Son el don gratuito de la vida y del universo. Pero, lamentablemente, hemos olvidado quiénes somos. Estamos tan aferrados a las ilusiones engañosas que vivimos con miedo.

El dinero jamás podrá hacer por nosotros lo que podemos hacer nosotros mismos. ¿Qué mayor seguridad se puede tener que conocer los principios de la vida y vivir según ellos? ¿Qué mayor libertad se puede tener que vivir en la felicidad de la verdad y la luz? ¿Y qué mayor poder se puede utilizar que el de la fuerza de la vida que ya tenemos en nuestro interior?

Mira a tu alrededor y ve los milagros que puedes crear, incluso con tu pensamiento limitado actual. Después, en silencio, pondera las posibilidades de un universo eternamente ilimitado. Porque realmente es una verdad que todo es posible para aquellos que conocen y aman la vida.

*Recurro a la
sabiduría y el
discernimiento
y encuentro
más alegría y
felicidad.*

DISCERNIMIENTO

El discernimiento es la aplicación de la intuición y la percepción. Es una cualidad necesaria para la evolución. En tu crecimiento, ábrete para recibir las posibilidades de mayor alegría y felicidad, pero no hasta el punto de ser una persona crédula o ilusa.

No creas todo lo que ves y oyes. Cotéjalo con tu sabiduría interior.

No te conviertas en un escéptico o un cínico; corres el riesgo de amargarte, lo cual es algo difícil de solucionar. Muchos milagros pueden acontecer en tu vida, pero ocurren más a menudo cuando dentro de una persona hay alegría y amor, y no rabia o cinismo.

No creas las promesas de gran fortuna que te hacen los demás. Permite que las ideas de tu grandeza se te revelen en tu interior.

La maestría comienza siendo sinceros con nosotros mismos acerca de las experiencias y de las creencias generadas por esas experiencias. Sea lo que sea lo que hayan creado tus creencias, es hora de que te abras a nuevas opciones. Cuando se toma conciencia de una posibilidad mayor, puede llevar tiempo cambiar esas viejas creencias limitadas. Date el tiempo necesario para ensanchar tu mente y cambiar. Ten discernimiento respecto a lo que dice otra persona. Presta atención a tus sentimientos, mantente alerta frente a los aspectos en donde pueda haber aferramiento o carencia. Ahí es donde hay más probabilidades de que te engañen. Recurre a la sabiduría que ya tienes en tu interior; te conducirá suavemente más allá de tus limitaciones, hacia una alegría, vitalidad y amor mucho mayores.

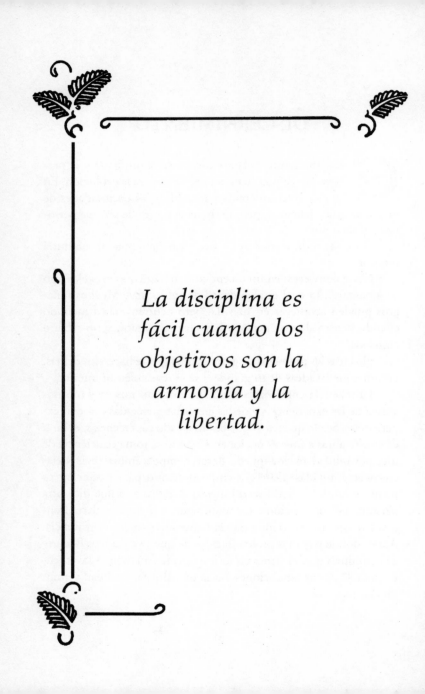

La disciplina es fácil cuando los objetivos son la armonía y la libertad.

DISCIPLINA

La disciplina es la observancia de un conjunto de principios de comportamiento. Los grandes maestros, centrados y disciplinados en su método, llegan a grandes logros. Cualquier camino de maestría requiere perseverancia, constancia, determinación y disciplina.

En nuestra infancia, se nos disciplinaba cuando desobedecíamos. A medida que maduramos, la vida también nos disciplina si no observamos y aplicamos las leyes correctamente. Las leyes de la vida actúan en todo momento, nos demos cuenta de ello o no. Pocos seres humanos crecen lo suficiente en el plano de la conciencia para comprender en su totalidad estas leyes. Con la disciplina vienen la estructura, la armonía y la libertad. Una vez que hemos aprendido las reglas del juego, es mucho más divertido jugar.

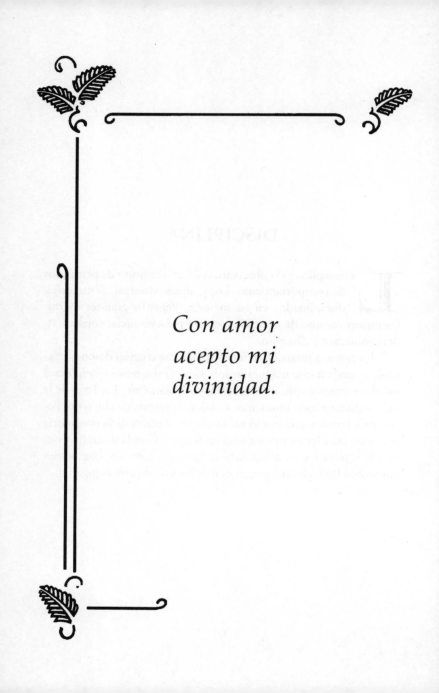

Con amor acepto mi divinidad.

DIVINIDAD

Tu divinidad es la realidad de tu ser que has negado y olvidado durante mucho tiempo. Es el legado que te conecta con la vida eterna. Eres una persona especial y amada, como lo somos todos los hijos del Universo. Incluso los que están en las categorías más bajas de la vida, por el solo hecho de tocar con amor a una sola alma, moverán los cimientos de la eternidad. Porque por la simple expresión de su amor elevan la armonía de toda la creación al vivir y dar el regalo de su amor y su divinidad.

Con tu divinidad llega un gran poder, pero no para dominar a los demás, sino para comprender quién eres. Y con el descubrimiento de la verdad llega la divina humildad, junto con el amor y la compasión por todos. Porque el trigo se eleva erguido en los campos cuando las espigas están vacías, pero se inclina amorosamente hacia la tierra cuando están en su plena madurez.

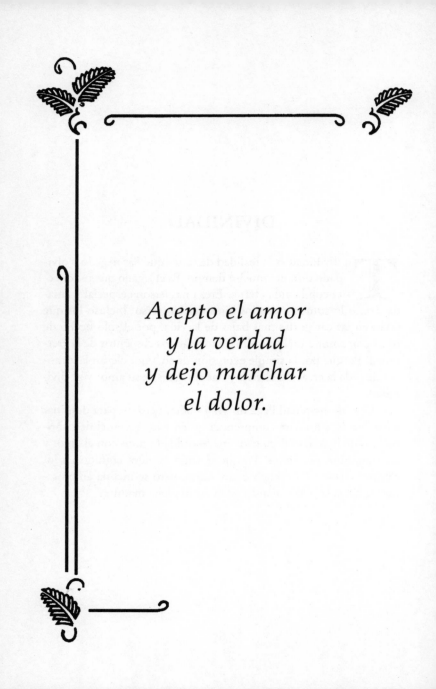

Acepto el amor
y la verdad
y dejo marchar
el dolor.

DOLOR

El dolor corporal o emocional es una afirmación de que estamos vivos. El dolor que produce una experiencia suele ser la resistencia de la mente al cambio. Se sufre el dolor debido a la testaruda negación de la verdad y la falta de conciencia de los dones contenidos en la sencilla observancia de la vida. Sin embargo, sin dolor no podríamos crecer ni comprender, y probablemente moriríamos de complacencia.

Sin dolor no habría incentivo para buscar la verdad; sin verdad no habría conciencia; sin conciencia no habría entendimiento; sin entendimiento no habría sabiduría; sin sabiduría no habría crecimiento, y sin crecimiento no habría vida, todo dejaría de existir.

Nosotros nos creamos el dolor para aprender sus lecciones. Aunque uno haya llegado muy lejos y sea digno de elogio, aún le queda mucho por aprender en la búsqueda de la verdad. Agradece las enseñanzas aunque traigan dolor. Bendice cada circunstancia como una oportunidad de aprender y adquirir sabiduría. Hazte flexible y fluye con la vida. Después, el impulso de tu corazón y tu alma hacia la búsqueda del amor y la verdad te liberará de todo dolor.

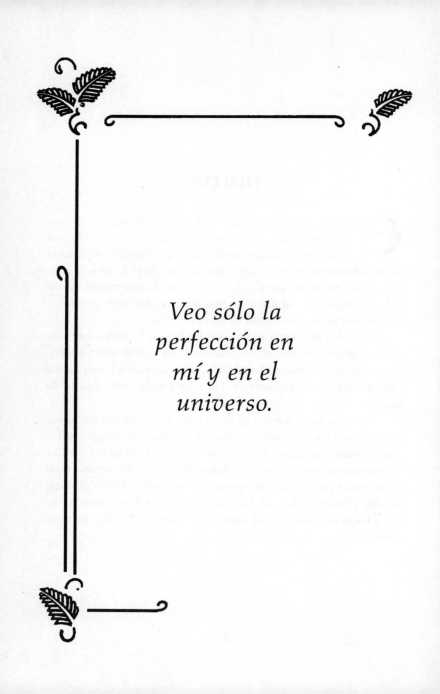

Veo sólo la perfección en mí y en el universo.

ENFERMEDAD

La dolencia y el malestar son frutos del miedo y el odio y están dirigidos al propio yo. Las preocupaciones y el estrés hacen que el cuerpo se vuelva contra sí mismo, confundido. Muchas veces nos ponemos enfermos porque queremos enfermar, cuando no nos amamos ni nos aceptamos a nosotros mismos, y el error y la culpa constituyen nuestra perspectiva. Incluso podemos buscar el amor expresado en la lástima de otra persona. Si continuamos pensando así, sólo perpetuamos la enfermedad que tememos.

La mayor causa de la enfermedad es la rabia; la mayor causa de la rabia son las expectativas, y la mayor causa de las expectativas es que no dejamos entrar el amor. Esperamos recibir, pero no estamos dispuestos a dar; deseamos afecto, pero no estamos dispuestos a amar. Buscamos la verdad con los ojos cerrados y juzgamos sin entender primero.

Elimina el miedo, la rabia y el odio de tu ser, y desaparecerá la enfermedad. Mira dentro de ti en busca de respuestas en la calma, la paz y la serenidad de tu corazón. Acepta que la enfermedad es creación tuya y no sigas creándola. Ve sólo la perfección en el universo y vivirás tranquilamente en la alegría, la verdad y el amor.

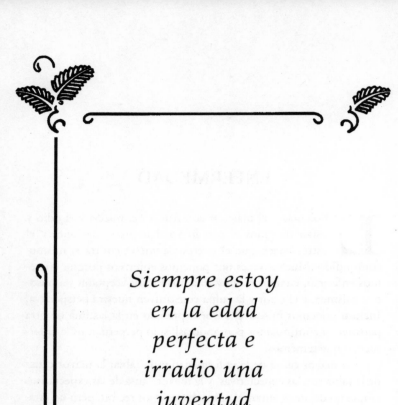

*Siempre estoy
en la edad
perfecta e
irradio una
juventud
eterna.*

ENVEJECIMIENTO

Uno de los mayores temores es envejecer. Ese miedo alcanza tal intensidad que se acelera la vejez en lugar de sanarla. En vez de odiarte por envejecer, agradece las arrugas de la madurez, que muestran la belleza y sabiduría adquiridas al vivir plenamente la vida, y la alegría de encontrar el significado del amor.

Si con desesperación tratas de aferrarte a tu juventud, el estrés emocional sólo apresurará la aparición de arrugas. Dedica unos momentos de tranquilidad y silencio a imaginarte en un estado de bienestar, con tu cuerpo sano y entero. El poder de tu imaginación es un don mayor de lo que crees. Si te miras constantemente al espejo buscando señales de arrugas, seguro que las vas a encontrar. Pero si te dedicas a experimentar las alegrías que trae la vida, no tendrás tiempo para preocuparte y conservarás una apariencia más joven. Las arrugas del amor y la risa no suelen ser permanentes, pero siempre son hermosas.

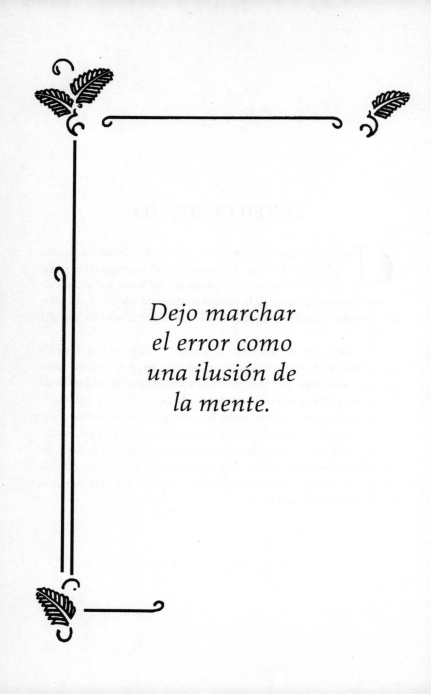

*Dejo marchar
el error como
una ilusión de
la mente.*

ERRORES

Consideramos que un acto o una circunstancia es un error cuando no produce lo que esperábamos. El concepto de error es una ilusión de la mente. Nosotros lo creamos en nuestros pensamientos y emociones a partir de lo que creemos que es verdad. Cada alma, al ser su propia maestra, crea su realidad. La llamamos error cuando la vemos negativa al compararla con otras. De esa actitud nacen las ilusiones de culpa, rabia, odio, miedo y enfermedad.

No hay errores en la vida. Sólo hay diferentes grados de evolución y entendimiento que producen en el pensamiento la dualidad de un error. Se trata simplemente de un paso para recordar nuestro ser y destino superiores.

Vivimos nuestra verdad en cada momento, no sólo en la mente y las palabras, sino en la vida y el corazón. Aspira a aprender la verdad de tu poder en el amor a la vida. Busca la sabiduría en las perlas de cada momento. Y aplica la verdad que sabes, de que puedes tener alegría. Porque el peor error de la vida es pensar que se ha cometido un error.

Uso mi respiración para disolver el estrés.

ESTRÉS

El estrés es una de las principales causas de enfermedad, y es el resultado de expectativas no realistas. Muchas personas experimentan estrés debido a que han vendido su felicidad a cambio de cosas materiales. Han reprimido tanto los impulsos de su corazón que aunque se conviertan en rugidos no les prestan atención. Muchas personas experimentan estrés en el trabajo porque no hacen lo que les gusta. No han aprendido a confiar en sí mismas ni en la vida. Se requiere valor para ser diferente.

Otras personas experimentan estrés y ansiedad porque viven lamentando el ayer y temiendo el mañana. Ni el ayer ni el mañana existen. El ahora es el único momento que existe. Al estar más en el ahora aprendemos de los ayeres. Al estar más plenamente en el ahora aumentamos las oportunidades de crear un mañana dichoso y en paz. Y al estar plenamente en el ahora, el tiempo se expande, la alegría llena el cuerpo y el alma, y el estrés deja de obstaculizar la felicidad.

Si estás experimentando estrés, una maravillosa manera de disolverlo es prestar atención a la respiración. Si respiras plena y profundamente y tomas conciencia de tu respiración, esto te ayudará a centrarte en el momento presente, en el ahora. Al estar en el ahora, puedes conectar mejor con tu poder de elección. La elección en ese momento es si vas a reaccionar o no a las circunstancias que te has creado, y si ellas van a tener poder sobre ti, o si vas a aplicar tu poder para crear otras diferentes. Respeta lo que sientes y después toma el mando de tu vida eligiendo centrarte en lo que deseas experimentar.

*Tengo una
relación sana
con mi familia.*

FAMILIA

La causa de los problemas familiares es la necesidad de controlar en lugar de aceptar y permitir. Si uno se ama y se valora a sí mismo y se da cuenta de que tiene su propia identidad, no se sentirá amenazado por la desaprobación de otras personas, porque comprenderá que éstas sólo pueden aprobar lo que aman y aceptan de sí mismas. Lo que juzgan o critican suele ser lo que más temen.

La familia es un importante cimiento sobre el cual se construyen otras relaciones. La familia inmediata —hermanos, hermanas, padre y madre— representa la oportunidad de aprender y ejercitarse en las relaciones sanas y afectuosas. Si logras hacer más sanas tus relaciones familiares, llevarás esto contigo a todos los aspectos de tu vida. Esfuérzate por tener las mejores y más afectuosas relaciones con tu familia. La aplicación del amor sanará las diferencias. Aplicar amor significa que cada miembro permita a los demás ser como quieran ser.

Muchos de nosotros sólo consideramos familiares a los parientes carnales. Hay una familia más extensa que hemos de tener en cuenta: la de la humanidad y todos los seres vivos de este planeta. Somos mucho más interdependientes de lo que pensamos. No se puede destruir despreocupadamente ninguna parte de la vida, porque nuestra propia vida y la continuación de la humanidad dependen de la continuación de todas las especies vivientes. Ama toda vida que hay en el mundo como si fuera la tuya propia. Lo es.

*Tengo fe en el
amoroso e
ilimitado poder
del universo.*

FE

L a fe es pensamiento creativo. Es saber en nuestro interior que tener el pensamiento de un deseo dichoso significa que éste ya está en camino. Es el reconocimiento de que estamos unidos y vinculados con toda la vida y confiamos en ella. Mediante la fe el corazón concibe el bien para la elevación de todos.

La fe y la confianza son como un niño que juega con la seguridad de que siempre se satisfacen sus necesidades sin tener que luchar ni esforzarse. La fe es el centro del poder que mueve montañas cuando todo lo demás no ha resultado. Es el ideal contenido en una simple bellota de la amorosa visión de lo que será su espeso follaje.

Abandona tus miedos y limitaciones. Por la fe sabes que eres una persona amada. Con fe, cada momento es una oportunidad de crear una nueva vida, hermosa y maravillosa, mediante el amoroso e ilimitado poder del universo.

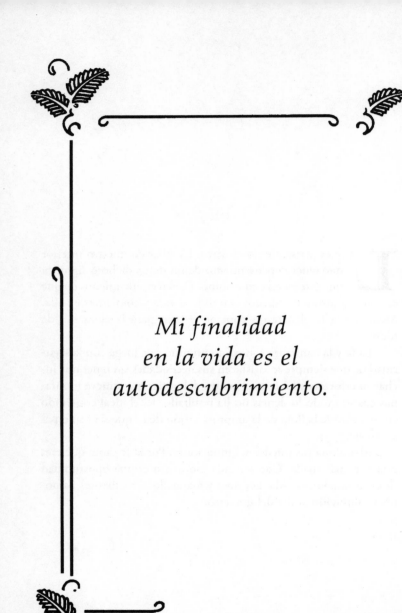

*Mi finalidad
en la vida es el
autodescubrimiento.*

FINALIDAD

Todo el mundo desea sentir que su vida tiene un sentido y una finalidad. Pero hay veces en que ese sentido parece perdido en medio de una nube de confusión y rápidos cambios. En esas ocasiones, cuando la vida parece no tener sentido ni finalidad, tiene lugar un gran crecimiento interior, aunque no nos demos cuenta. Es una época para permitirse ser sin necesidad de una constante actividad o diversión. Una de las grandes enseñanzas de la experiencia humana es la de simplemente ser. Cuando se aprenden y comprenden los propios ciclos de crecimiento, es fácil permitirse por dentro un tiempo de proceso, y por fuera un tiempo de descanso.

La finalidad de la vida es tener conciencia de ella. Nuestra finalidad en la vida es el autodescubrimiento. Las experiencias de la vida nos ayudan a llevarla a cabo. Colaboramos con este proceso y su ritmo aprendiendo a amarnos a nosotros mismos. Al aprender a amar también nos volvemos más conscientes. La finalidad del silencio es permitir esa toma de conciencia. Hay toda una eternidad para «hacer». Hay solo este momento para «ser».

Soy flexible y me dispongo a cambiar.

FLEXIBILIDAD

La flexibilidad es la disposición a adaptarse y avanzar por en medio de los cambios con gracia y soltura. Es la capacidad de moverse con las necesidades del momento y ajustarse a ellas sin una rígida fijación en lo que tiene que ser. Vivimos en una época de cambios y crecimiento rápidos. Si somos demasiado rígidos en nuestra actitud ante la vida o no estamos dispuestos a fluir y cambiar, corremos el riesgo de fracasar. Estamos despertando a una mayor comprensión de la verdad y los principios espirituales. Si nos aferramos demasiado a lo que pensábamos que era verdad en el pasado, nos arriesgamos a perder la oportunidad de experimentar verdades mayores que pueden hacernos la vida más fácil y feliz.

Así como el agua ablanda la semilla para que se abra a la luz como planta viva, nuestro entendimiento y nuestra conciencia ablandan nuestras creencias sobre la vida para que seamos más de lo que actualmente creemos que podemos ser. La resistencia al cambio sólo hace la vida dura y difícil. La vida existe gracias al crecimiento y el cambio, no a pesar de ellos. Manténte flexible en tu visión de la vida y ésta te bendecirá con más libertad y felicidad. ¿Estás a punto para empezar a crecer?

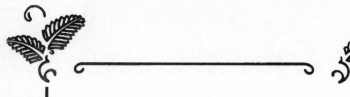

Cuando todos nos responsabilicemos de nosotros mismos, crearemos un gobierno responsable.

GOBIERNO

Los gobiernos fueron creados con el fin de regular ciertas actividades humanas de modo que todos acatáramos un conjuntos de normas o leyes consideradas apropiadas para la existencia de una sociedad. La humanidad ha olvidado la verdadera comprensión de la ley divina y de los principios de la vida y ha considerado necesario crear organismos artificiales para que las personas que los componen establezcan las reglas.

Aunque es admirable aspirar a un ideal de ley y orden, esto se ha convertido en una parodia en la que imponemos al gobierno la responsabilidad de administrar todas nuestras necesidades y exigencias. De ese modo cedemos nuestra soberanía y nuestra libertad. En el mismo grado en que somos gobernados no somos libres. Pero esto lo hemos creado nosotros, hemos permitido que ocurra al no responsabilizarnos plenamente de nosotros mismos. No hemos de culparnos por ello. Sólo es una experiencia.

Tratamos de obligar al gobierno a hacer cosas por nosotros que no puede hacer con eficiencia. Así aprendemos una valiosa lección, de modo que no representa ningún fracaso. Ha llegado la hora de dejar de acusar y de sentirnos víctimas y de recuperar los derechos y poderes que hemos cedido. Si dedicamos tiempo a conectar con nuestra sabiduría interior, entonces, con naturalidad, encontraremos el verdadero gobierno, al comprender que está en nuestro interior. En la medida en que aprendamos, expresemos y apliquemos el amor, no necesitaremos ser gobernados.

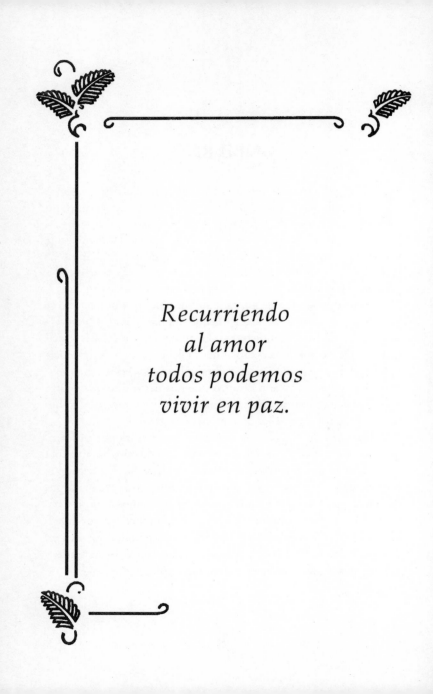

*Recurriendo
al amor
todos podemos
vivir en paz.*

GUERRA

Los viejos celosos de su juventud perdida suelen enviar a sus hijos a la guerra. Los que están llenos de ambición y codicia, que nunca tienen suficiente, buscan esclavizar y empobrecer a los justos. Las mujeres lloran por sus maridos y por lo que podría haber sido. Nunca ha habido una guerra que haya beneficiado a la humanidad, porque no se ha aprendido la lección de la futilidad de la guerra.

Es irónico que se piense que hay que luchar para tener paz. Nadie gana verdaderamente en la guerra; sólo hay pérdida y destrucción, sueños aplastados y hogares rotos. Y sin embargo todavía hay personas que justifican ese sufrimiento. Sin sentimientos ni conciencia dicen que es «algo que hay que hacer». Incluso se llaman humanos mientras celebran la victoria de la muerte de otras personas. ¿Dónde está el amor en todo eso?

La guerra es una circunstancia lamentable para la humanidad porque significa que ésta aún no ha aprendido a amar. Y más lamentable aún es que los grandes avances tecnológicos se deban al deseo de destruir que tiene la humanidad. La evolución nos llama a buscar una alternativa a la guerra, porque la próxima batalla podría ser la última. Esa alternativa es amarnos a nosotros mismos, amar al prójimo y amar y comprender a toda la humanidad. Recurriendo al amor podemos vivir en paz.

*Sólo hablo de
lo que deseo
experimentar.*

HABLAR

Lo que decimos suele ocultar nuestros verdaderos pensamientos, porque es raro que digamos lo que pensamos, o que lo que decimos lo digamos en serio. Los enigmas de la diplomacia y el tacto provocan más injusticia con su hipocresía que el hecho de decir simplemente verdad. Pero tenemos miedo a la verdad por lo que revela. No vemos la divinidad que hay en la vida sino las creaciones de la limitación y el miedo. Nuestras percepciones están nubladas por el dogma y los credos, y lo que decimos procede de conceptos erróneos.

La sabiduría se da a conocer en la callada simplicidad. En la humilde acción de gracias aumenta la alegría de la vida. Y en la compasión del amor está la comprensión de la vida. Porque no sólo hablamos con palabras, a no ser que creamos que nuestros pensamientos pueden permanecer escondidos, pues lo que se manifiesta en nuestra vida es fruto de nuestros pensamientos.

Por lo tanto, piensa solamente lo que quieres experimentar, porque sin ninguna duda la vida se crea en el pensamiento. Habla sólo de lo que deseas experimentar y sólo cuando lo comprendas. Todas y cada una de las palabras que dices son decretos del ser divino que eres.

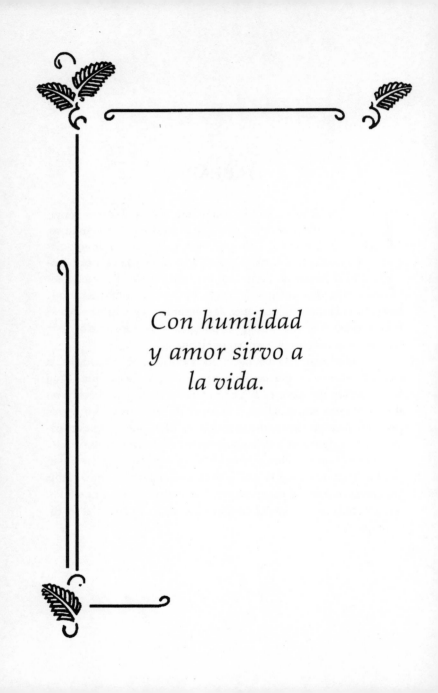

*Con humildad
y amor sirvo a
la vida.*

HUMILDAD

La humildad es la callada sabiduría que ama y acepta su lugar de servicio, sabiendo que todas las cosas y actividades son dones de la vida. La humildad no busca reconocimiento, no se hace propaganda con un arrogante fariseísmo ni alardea con engreimiento para justificarse. Su recompensa está en el interior, porque forma parte de la esencia de la vida.

Los que abracen la humildad encontrarán sabiduría en su corazón, porque la humildad es el conocimiento que tiene el alma de su unidad con toda la vida. Para ser humilde hay que dejar de lado el yo. Para ser humilde, con frecuencia hay que soportar dolor. Pero con el dolor vienen la compasión, la sabiduría y el crecimiento. El dolor puede ser el más grande de los maestros, pero la humildad lleva con rapidez el corazón a la aceptación. La humildad elimina la vanidad y el orgullo, y ensancha la puerta del corazón que busca conocer el amor y expresarlo.

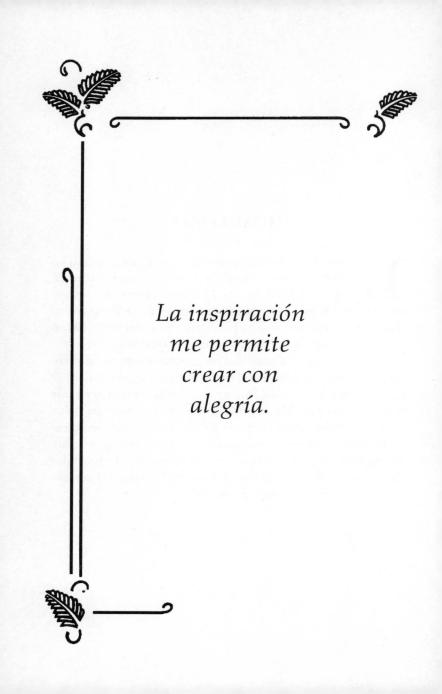

*La inspiración
me permite
crear con
alegría.*

INSPIRACIÓN

La inspiración es la energía vital que nos dice cómo y qué crear de la alegría. Es nuestra conexión con la divina guía interior. Frecuentemente deseamos sentir y expresar mayor alegría, y lo hacemos mediante las energías de la inspiración y la creatividad. La vitalidad aumenta y se expande cada vez que creamos a partir de la alegría. Nuestro amor a la vida es nuestra apertura a esa energía.

La mente y el intelecto a veces piensan que uno no es capaz de hacer lo que hacen otras personas. Esa no es la verdad de nuestro ser. Si estamos dispuestos a abandonar ese pensamiento limitado para abrirnos a la posibilidad de que también podemos recibir orientación inspiradora, entonces ninguna limitación nos puede restringir por mucho tiempo. A través de la imaginación conectaremos con soluciones hasta para los desafíos más difíciles. Sólo estamos derrotados cuando renunciamos. Quien dice «No puedo» nunca podrá. Pero si decimos «Creo que puedo», el Universo nos mostrará la manera.

*Me conozco
y soy una
persona sincera,
conmigo y con
los demás.*

INTEGRIDAD

La integridad es nuestro estado de conciencia cuando nos conocemos a nosotros mismos y somos sinceros. Hay muchas personas que creen que hay que ser perfecto para llegar a este estado. La perfección es un ideal al que uno puede aspirar, pero la sinceridad y la integridad son las cualidades que pueden hacer realidad ese ideal.

En tu aspiración de grandeza y perfección, sé amable contigo y con los demás. La conciencia y la iluminación traen el conocimiento de toda la verdad, no sólo de lo que aprobamos o aceptamos. Cuando nos conocemos a nosotros mismos, encontramos nuestra divinidad y nuestras limitaciones. Ten valentía y amor para aceptarlas a ambas. Aspira a expresar tu divinidad, pero hazlo con humildad y gratitud. No niegues ni reprimas tus limitaciones. Ten la honestidad y la integridad necesarias para verlas y permitirlas. No podemos llegar adonde queremos ir si primero no sabemos dónde estamos.

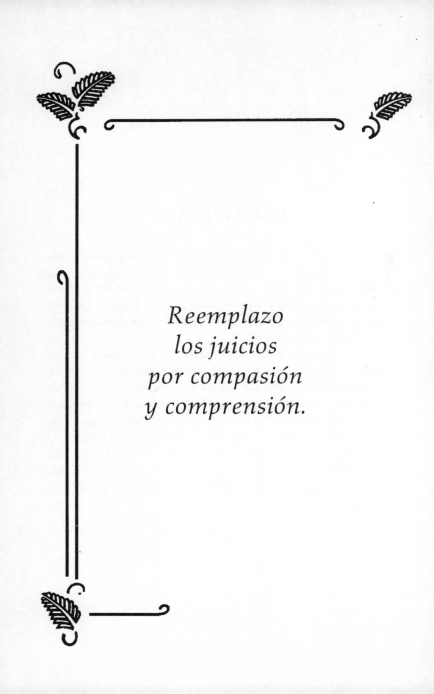

*Reemplazo
los juicios
por compasión
y comprensión.*

JUICIOS

Es una gran responsabilidad suponer que se ha llegado a tal grado de perfección que se es digno de juzgar las propias acciones y las de los demás, porque eso significa proclamar que no se tiene ningún error de pensamiento. Nuestra fuerza vital es perfecta, porque es la creación divina del Universo, pero nuestros pensamientos y emociones son nuestra propia creación y siguen siendo limitados. Sólo podemos ver en los demás lo que tenemos dentro de nosotros. Las percepciones que tenemos y los juicios que hacemos de la vida son la medida de nuestro propio nivel de conciencia.

Cuanto más nos ilumina el amor, más humildes nos vuelven sus revelaciones, porque entonces comprendemos que siempre que juzgamos las palabras o los actos de otra persona, también nos juzgamos a nosotros mismos. Cuando verdaderamente nos guía el amor, todo lo vemos a la luz de la compasión y la comprensión. Dejamos de juzgar y reemplazamos el sufrimiento por paz y alegría.

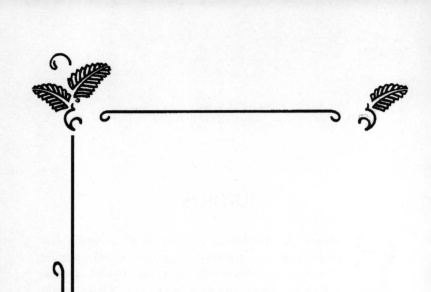

*Me permito tener
sentimientos
y estoy a salvo.*

LÁGRIMAS

Las lágrimas son el mecanismo que tiene el cuerpo para eliminar las toxinas de la aflicción. A menudo reprimimos la aflicción y la tristeza relacionadas con la pérdida y el rechazo. En esta época de cambio y de rápida evolución, es importante comprender que habrá momentos en que tendremos que dejar marchar a alguien o algo. Nunca perdemos el grado de amor y alegría que hemos otenido y ganado; siempre está ahí dentro esperando a ser sacado a la luz de nuevo.

Muchos tenemos amor por la Tierra, sus plantas y animales; lloramos por el aparente fin de una especie o forma de vida. Pide consuelo y curación y vendrán a ti. Busca a aquellos amigos que comprenden lo que sientes. Si es necesario, deja correr tus lágrimas a raudales; son perlas de amor. Y sin duda llegará el día en que tus lágrimas sean de alegría, de la gran alegría que sientes en tu alma y tu corazón.

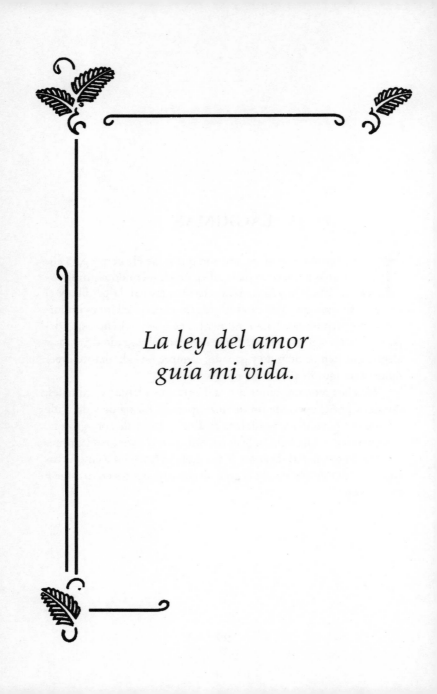

*La ley del amor
guía mi vida.*

LEY

Está la ley de los hombres y está la ley del Universo. La ley de los hombres sólo sirve a sus propios fines. Pero la ley del Universo la conocerán todos los corazones, y no es remisa en su aplicación. Siempre hemos tenido la capacidad de comprenderla, aunque intentemos negar que existe.

Escucha a tu corazón cuando habla, porque en el corazón de cada maestro está la sabiduría de la ley del amor: te conviertes en lo que amas.

Comprende las enseñanzas que encierra la ley de la devolución: lo que das vuelve a ti multiplicado.

Has de saber que, por la ley de la alabanza y la bendición, todas tus circunstancias se elevan para tu mayor beneficio.

Siente la paz en la ley del silencio, porque en él encontrarás la presencia del amor.

Emplea la ley del perdón con tus hermanos y hermanas, porque en el amor, la compasión y el perdón se te concederá la gracia de verte libre de dolor.

Y abraza la ley del puro ser para dejar que todas las cosas sean como les plazca. Al hacerlo así eres una persona libre y soberana.

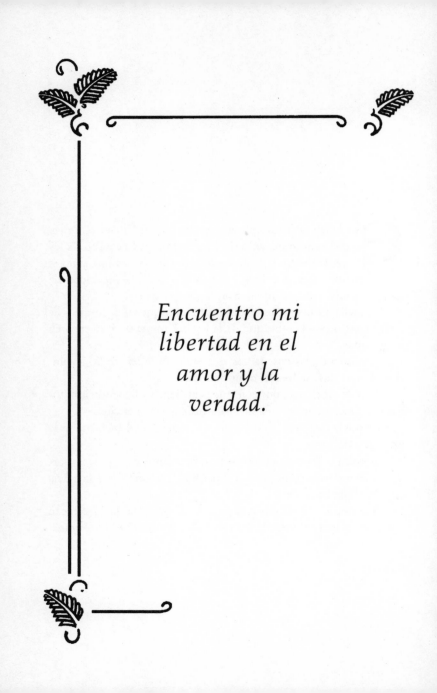

Encuentro mi libertad en el amor y la verdad.

LIBERTAD

Siempre hemos sido libres, pero en nuestra mente somos prisioneros. Nuestros pensamientos no suelen elevarse más allá del pesar de ayer o del miedo de mañana. La libertad sólo existe en el ahora y en nuestro interior.

El abejorro es libre porque no sucumbe a las limitaciones. El águila puede elevarse por los aires porque no le dan miedo las alturas. Un niño es libre en sus despreocupados juegos, porque sabe que sus necesidades siempre son satisfechas. Incluso el incrustado percebe, siempre pegado a alguna roca de la costa, no teme que el mar se vaya a secar o a dejar de proporcionarle su sustento.

Nuestra libertad se puede medir, no por los pensamientos elevados, sino por la ausencia de pensamientos limitados. No te ocupes de los conceptos de temor o limitación. Piensa solamente en el amor y la verdad y vivirás en libertad. Porque en los pensamientos de temor, el vigilante está más prisionero que quien se encuentra tras las rejas.

Mi mejor maestro está en mi interior.

MAESTROS

En tu búsqueda de la verdad y el entendimiento no busques al orgulloso, porque sólo proclama su propia gloria.

No busques al justiciero, porque no ha encontrado amor en su corazón.

No busques al gritón y blasfemo, porque ha perdido la sabiduría del silencio.

No busques a aquel que estimula tu avidez, porque siempre necesitarás probar sus frutos.

Y no busques al que tiene maldad en la mente, porque no tiene amor por la vida.

Escucha la sabiduría de tus hijos, porque ellos están más cerca del cielo de tus sueños.

Presta oídos al humilde de espíritu, porque ha aprendido a ser compasivo y a perdonar.

Que tus ojos aprecien las obras de aquellos que sólo sirven, porque ellos conocen su conexión con la vida.

Siente el calor del abrazo de un amigo, porque los verdaderos amigos son un tesoro y dan el valioso regalo del amor.

Y que tu mente conecte con tu corazón, porque el mejor maestro está en el interior.

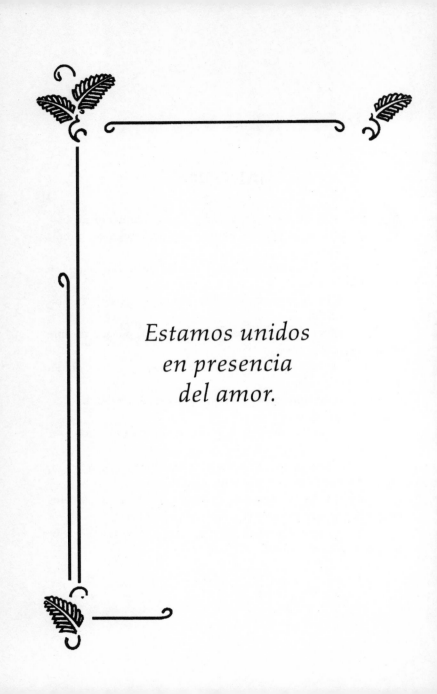

Estamos unidos
en presencia
del amor.

MATRIMONIO

Estabais separados, pero estaréis unidos en presencia del amor. Y si queréis permanecer unidos para siempre, que los momentos en que estéis juntos seáis amantes, y los momentos en que estéis separados, amigos.

Que vuestra unión no esté basada en la apariencia, porque todo el mundo cambia cuando crece.

Que en vuestro matrimonio no participen sólo los cuerpos, porque entonces os perderéis la mayor de las uniones.

Que vuestros días juntos estén llenos de alegría, porque en la alegría participáis de los tesoros de la vida.

Que vuestra unión no esté basada en la dependencia, porque entonces perderéis vuestro poder para crear.

Que vuestras diferencias no generen separación, sino la conciencia de que cada uno de vosotros es único y de que juntos sois mucho más que dos.

Esforzaos por comprender compasivamente vuestras diferencias en vuestra manera de uniros con la vida. Ayudad cada uno al corazón del otro en su deseo de conocer el amor. Permitid que el alma esté en su lugar al servicio de la verdad. Y si en vuestra sabiduría tenéis la bendición de engendrar fruto, agradecedlo especialmente, porque se os ha confiado la creación más preciada: el alma de otra vida.

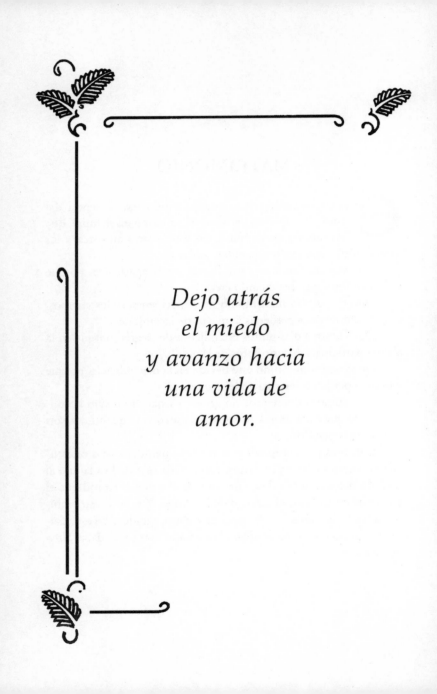

*Dejo atrás
el miedo
y avanzo hacia
una vida de
amor.*

MIEDO

El miedo es una emoción a la que hemos permitido que nos controle en lugar de usarla para evitar el peligro. Tememos no tener suficiente dinero. Tememos no tener suficiente tiempo. Tememos no ser atractivos ni amados porque nos comparamos con otros. Tememos la guerra, la enfermedad y la muerte, y al temerlas las creamos. Cuando nos concentramos en el miedo, alimentamos nuestra energía vital para que lo cree. Hemos olvidado que somos los hijos amorosos, compasivos, imaginativos y perfectos del Universo, dotados eternamente de poder, divinidad y amor.

Estamos donde estamos debido a nuestros temores. Una de las grandes enseñanzas de la experiencia humana es que el miedo es nuestra propia creación. Hemos de usar el poder del amor para elevarnos por encima del miedo y así crear una realidad fundada en el amor, no sólo por nosotros mismos sino por toda la vida. Ha llegado la hora de dejar atrás el miedo y avanzar.

Mi fe y mi amor crean milagros.

MILAGROS

Los milagros son el intento de la mente de justificar su negación de los principios de la vida. Son acontecimientos corrientes, pero difíciles de entender para quien duda.

Los milagros abundan en la quietud de la paz. Les ocurren a todos los que creen, y son, en efecto, la experiencia de aquellos que conocen y aman la vida.

Sin embargo, rara vez experimentamos un milagro cuando sólo buscamos manipular la vida para nuestros propios fines. Si vivimos en el temor y la confusión y no nos damos tiempo para escuchar los suaves susurros de la verdad, sólo veremos los milagros con incredulidad, al pensar con tristeza que no nos pueden ocurrir.

Donde no hay incredulidad, la duda es derrotada. Donde no hay duda, la fe realiza su trabajo. Donde hay fe, se permite que el amor esté activo. Cuando se da entrada al amor, la mente escucha al corazón, y éste encuentra la sabiduría de su alma. Cuando el corazón y la mente están en consonancia, creamos en armonía con la vida y todo es milagroso.

*Me motivan
el amor y
la compasión.*

MOTIVOS

Cuando quieras comprender la finalidad de tus actos, entra en tu interior, porque tu corazón siempre sabe la respuesta. Lo que haces por amor no tiene otra finalidad, porque el amor es su propia recompensa. Lo que haces por otro motivo, a menudo tienes que justificártelo para aceptarlo. Si buscas comprender tus motivos, esa misma búsqueda te dará la respuesta. Porque cuando actuamos y damos por amor, nuestra recompensa está en el silencio de nuestro ser, y no en la esperanza de reconocimiento verbal o ganancia material.

Para comprender tus motivos, busca conocerte con siceridad, y lo que encuentres, simplemente déjalo ser, porque no siempre te va a complacer lo que veas. Mírate crecer con amor y compasión, no con ojos críticos, porque entonces te crearás culpa; no con actos de condena, porque entonces vas a enfermar, y no con sentimientos de rabia y odio hacia ti, porque ya has estado allí.

Ama exactamente lo que eres en este preciso momento, porque ese es el punto de partida para la iluminación y el cambio. Llegará el día en que tu verdadero motivo para simplemente experimentar la vida brillará desde tu interior. Y la luz de tu amor será visible para todos.

*Soy un ser divino
y mi vida
es eterna.*

MUERTE

La muerte y el nacimiento sólo son las aperturas de una puerta, y la vida no es otra cosa que la pausa en el espacio de en medio. Qué magnífica es la luz del sol de un día de verano que brilla fuera de la puerta de la habitación. Cuánto más magnífica entonces es la luz de más allá de la puerta de lo que llamamos muerte. No temas a la puerta, sino a lo que te impide abrirla.

Lo que crees que es un final es en realidad un nuevo comienzo. Lo que crees que ha desaparecido de tu presencia simplemente ha pasado a un nivel más elevado de servicio y de ser. Y lo que consideras con tristeza y aflicción es en realidad la verdad, la paz, la alegría y el amor eternos.

Tememos la muerte porque estamos apegados a cosas que nos poseen. Tememos la muerte porque identificamos nuestro ser con un simple cuerpo físico. Y tememos la vida debido a la limitación del tiempo.

La muerte no es algo que se ha de temer, ni tampoco es un final. Es el comienzo de una nueva eternidad, igual que cada nuevo momento en la vida. Así pues, vive cada momento con que se te bendice en un amoroso servicio a tus hermanos y hermanas. Eres un ser divino y tu vida es eterna en la fe y la confianza del amor. Porque la muerte sólo es una ilusión, pero la vida que eres existe ahora y para siempre.

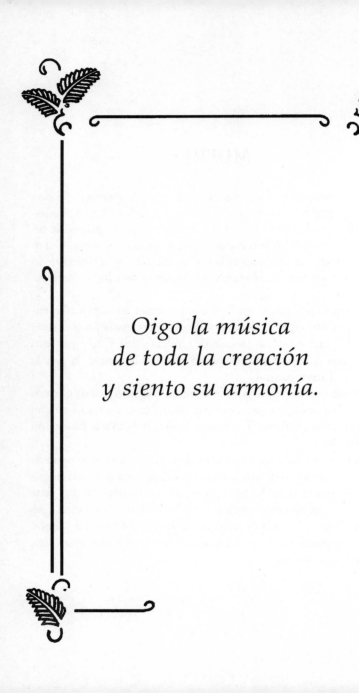

*Oigo la música
de toda la creación
y siento su armonía.*

MÚSICA

La música es la armonía de toda la creación.

Escucha la música de la eternidad, no sólo con los oídos sino con todo tu ser.

Escucha las melodías de las grandes sinfonías, porque ellas calman la rabia y el dolor.

Escucha la risa de los niños, porque ellos conocen una manera más alegre de vivir.

Escucha las canciones de las estrellas, porque ellas te hablan de la eternidad.

Escucha los murmullos del viento, porque los grandes espíritus cabalgan sobre sus juguetonas melodías.

Escucha el coro de los ángeles, porque ellos hablan de renacer a la luz.

Y escucha los himnos de tu corazón, porque él es la voz de la vida.

Escucha todo lo que te rodea y lo que está en tu interior, porque la música y la armonía de la creación cantan a la verdad de tu divinidad y tu eternidad.

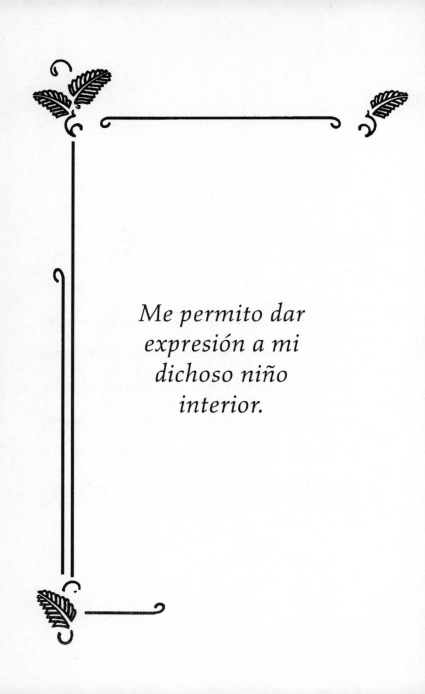

Me permito dar expresión a mi dichoso niño interior.

NIÑO INTERIOR

El niño interior es esa parte de uno juguetona e imaginativa, cariñosa y espontánea, creativa y aventurera, avispada y sensible, pero humilde y llena de gratitud y sorpresa. El niño interior confía en que la vida y el Universo le darán todo lo que pida. No se queda sentado sin hacer nada, porque está demasiado ocupado viviendo y haciendo lo que le produce alegría.

El niño interior tiene una gran sabiduría. Sabe qué es ser verdaderamente feliz. No limita tus pensamientos y no juzga a nadie por sus diferencias. El ayer no le causa pesar ni le preocupa el mañana que aún no ha llegado. El gran poder del amor interior, capaz de solucionar y disolver todos los aparentes problemas, es su aliado y amigo. Este es quien realmente eres cuando se eliminan los rostros del temor y la limitación. Permite que el amor que hay en tu interior salga y sé una vez más ese niño. Puedes tener nuevamente una gran aventura, hacer descubrimientos y jugar con la vida. Divertido, ¿verdad?

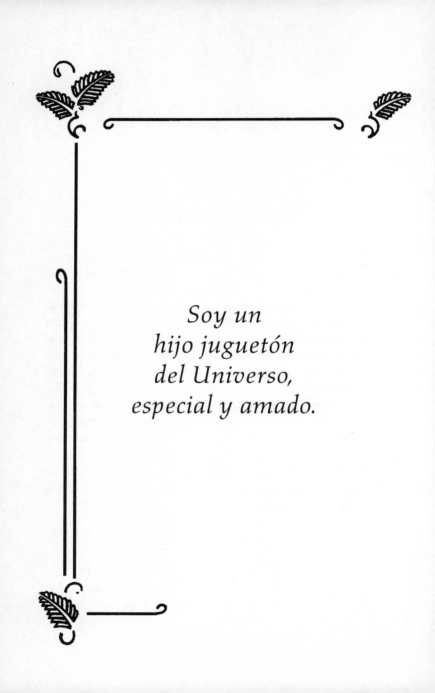

*Soy un
hijo juguetón
del Universo,
especial y amado.*

NIÑOS

Los niños son nuestros mejores maestros. Respétalos y dales las gracias por la bendición que representan, porque por medio de ellos se nos muestra el camino hacia una vida más dichosa. Cometemos una injusticia contra nosotros mismos no dejándolos ser. No podemos darles forma ni moldearlos, porque ellos ya han elegido quiénes van a ser. ¿Lo has olvidado? Tú también eres un niño. Ocúpate de las cosas de los niños.

¿Y cómo podemos convertirnos en niños? Encontramos la respuesta en la fe y la confianza en el Universo y no en el intelecto ni en las cosas materiales. Perdimos esa fe y esa confianza cuando nos preocupamos más del temor y nos transformamos en jueces de todo lo que nos rodea.

El niño que fuiste amaba sin condiciones. El niño que fuiste jugaba con la vida. El niño que fuiste creaba alegría en cada momento y habría continuado haciéndolo si no se le hubiera enseñado a limitarse y a tener miedo, si no hubiera sido juzgado y condenado.

Permítete volver a ser un niño y experimentar la alegría de simplemente ser. Busca dentro de ti, en la quietud de cada momento, esa especial finalidad de tu vida. Has de saber que, como hijo divino del Universo, eres especial y amado, sea cual sea la forma que adopte tu lugar en el mundo. Porque la vida te creó en su propia y amorosa cuna.

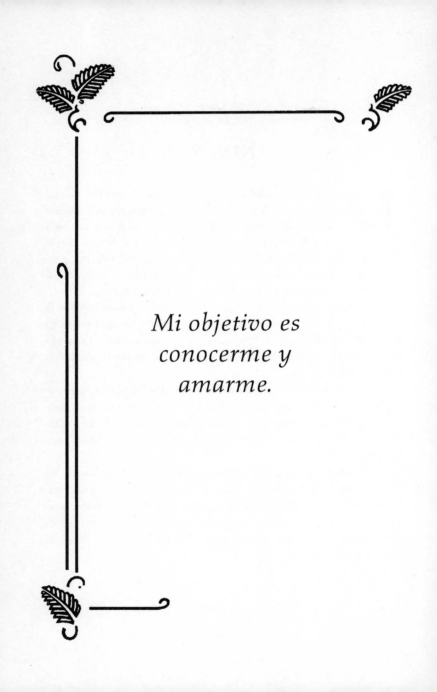

Mi objetivo es conocerme y amarme.

OBJETIVOS

Muchas veces nuestros deseos y objetivos son materiales. El verdadero éxito y el verdadero objetivo o propósito en la vida es el descubrimiento y el conocimiento de uno mismo. Porque, ¿qué tenemos cuando conseguimos un objetivo material sino un vacío que debe ser llenado fijando otro objetivo?

¡Qué precio hemos de pagar cuando sólo buscamos lo que podemos ver con los ojos o tocar con las manos! ¿Qué éxito obtenemos cuando reunimos oro para nosotros mismos sólo para debilitarnos con su peso? ¿Qué tienen aquellos que dirigen a las masas sólo para ahogarse en el dolor de las lágrimas y el odio? ¿Y qué tienen aquellos que en medio de su gloria no tienen amigos y mueren solos?

Cuando se vive para ser consciente de todas las posibilidades que la vida nos reserva, todos los deseos y objetivos ocupan el lugar que tienen asignado y se manifiestan en el momento más oportuno. Ámate lo suficiente para permitirte posibilidades más felices. Ve los milagros que ocurren a tu alrededor en el Universo. Alaba el milagro que eres tú. Porque el objetivo del corazón es el éxito que no se oxida ni pudre. Escucha pues a tu corazón y deja que te guíe en el camino. Porque la vida te da no lo que dices o haces, no lo que amasas o controlas, sino lo que eres.

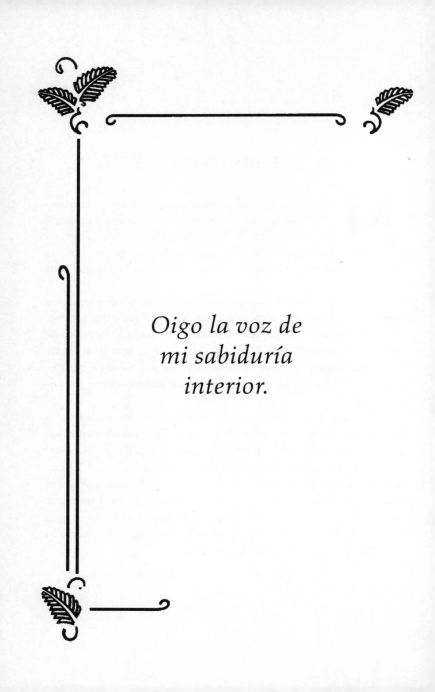

*Oigo la voz de
mi sabiduría
interior.*

OÍR

La capacidad de oír depende de la disposición a hacerlo. Hay muchas personas que se resisten a la verdad, sobre todo a oír la verdad acerca de sí mismas. Eso se debe a que están acostumbradas a oír cómo se juzgan a sí mismas y critican a los demás. Los problemas físicos de audición son consecuencia de la rigidez de pensamiento, una actitud terca y el hecho de vivir de un modo inflexible. Sólo se oye lo que se desea oír o lo que se está dispuesto a oír. Rara vez nos permitimos oír realmente la verdad.

Hay otra forma de oír de la cual estamos sólo comenzando a tomar conciencia. Me refiero a oír la voz de nuestra sabiduría interior, que no nos habla con palabras de crítica ni nos juzga. Nos habla en silencio mediante suaves impulsos que nos llevan a usar palabras y realizar actividades llenas de mayor amor y alegría. Esa vocecita aún débil puede guiarnos a través de tempestades hacia un puerto seguro, dirigirnos para crear obras de arte, estimularnos a hablar de un modo amoroso y elocuente y ayudarnos a expresarnos siempre con amor y compasión. Escúchala con el corazón, no con la mente; siempre ha estado ahí aguardando a que estés en silencio durante el tiempo suficiente para reconocerla. Y si la escuchas, será música para tus oídos.

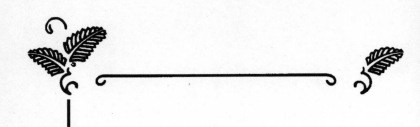

Mi opinión de mí
es que soy
un ser perfecto
tal como soy.

OPINIONES

Una opinión es sencillamente una forma más de juicio. No te aflijas ni te preocupes por lo que otros piensen o digan de ti. Su perspectiva está limitada por el miedo, la rabia y la crítica, que son sólo reflejos de lo que piensan de sí mismos. No te conocen, si te juzgan y condenan, porque entonces condenan y juzgan la perfección de la vida. No conocen la vida si no aman todas sus manifestaciones. Y no pueden vivir con alegría si temen verse en los espejos de la vida. Si verdaderamente se conocieran, verían, permitirían y amarían la divinidad de toda la creación.

La única opinión que vale es la que tienes de tu propio ser. Tú creas tu realidad con tus actitudes y creencias con respecto a ti. Por lo tanto, aprende a vivir con amor por ti y por toda la creación. Hagas lo que hagas o vayas adonde vayas, tus opiniones sobre ti te acompañarán. Cuando te aceptes tal como eres, sin juzgarte ni condenarte, sino con amor, ocurrirán grandes cambios, sin esfuerzo alguno. Y tu realidad exterior reflejará todos tus pensamientos y opiniones que estarán llenos de amor.

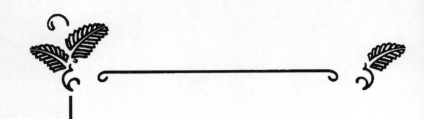

Con humildad
experimento mi
grandeza.

ORGULLO

La grandeza que se alcanza acompañada de orgullo quedará perdida en su propia crítica, porque siempre habrá alguien más grande que quien proclama orgullosamente su propia gloria. El orgulloso aprende mal y con dolor porque no es fácil enseñarle. En su ignorancia, el orgullo se convierte en necedad. En su vulgaridad, la necedad se estanca. Y en su deterioro, la resistencia crea la enfermedad.

Que los orgullosos tengan cuidado, porque su fruto es el odio a sí mismos, y la novia a la que cortejan es la muerte. En la grandeza, los humildes dan las gracias a la fuente de sus bendiciones y buscan mayor verdad y amor en su interior. Los orgullosos sólo se sirven a sí mismos, y mediante las comparaciones y los juicios se crean el mismo infierno que temen. Pero los humildes sirven a todos y no buscan ninguna recompensa fuera del amor a su servicio. Y en ese servicio encuentran alegría, paz y una vida perdurable.

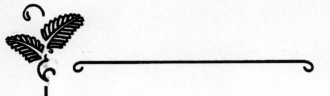

*Cuando acepto
la perfección de
la vida
encuentro
la paz.*

PAZ

Deseamos la paz. Incluso libramos guerras en su nombre. Pero jamás tendremos verdadera paz mientras haya división, polaridad, juicios o condenas. La paz existe, es una verdad. Y la hacemos entrar en nuestro ser y en nuestra realidad aceptando el amor incondicional.

El gran movimiento actual por la paz está destinado a una comprensión superior, porque si sus promotores no tienen amor en su interior, entonces deben experimentar la dualidad de su creación al necesitar luchar por ella. La paz llegará, pero no con un movimiento. Llegará desde dentro de cada corazón, sin hablar de sí misma ni abogar por su necesidad, sin proclamar su existencia ni su polaridad. Simplemente será.

¿Cómo podemos saber si tenemos paz interior? Si podemos mirar a nuestros hermanos y hermanas y ver, más allá de su cuerpo, su corazón y su alma, e incluso la perfección de la vida en su interior, y nada más, y si podemos mirar y respetar toda la creación como algo vivo, entonces estamos dejando entrar el amor incondicional, y tendremos paz interior. Y como lo que tenemos dentro lo proyectamos hacia fuera, la paz se manifestará en nuestra realidad.

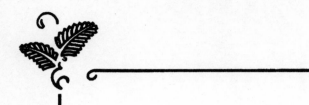

*Con amor me
perdono y
perdono a los
demás,
y la vida
me perdona
y me ama.*

PERDÓN

Perdonar presupone un juicio. Juzgar es suponer que se tiene un poder que no se posee. ¿Podemos crear un árbol, dirigir el viento o hacer que una estrella brille? No supongamos que somos aquello que no hemos llegado a ser. No juzguemos, y veremos que no hay ninguna cosa que necesite nuestro perdón. La gracia de la vida ya nos lo ha concedido. Sólo permitamos y observemos, y viviremos en la verdad.

Sólo necesitamos perdonarnos a nosotros mismos, porque cada uno es el creador de su realidad en todas sus manifestaciones. Cuando aceptamos y comprendemos esa responsabilidad, nos liberamos con un gran alivio de las cargas del miedo y la limitación. Entonces comenzamos a crear a partir del amor a toda la vida, y no de lo que suponemos que debe ser perdonado, sabiendo que siempre hemos tenido el perdón que buscábamos, porque la vida nos ha permitido ser como hemos querido.

*Con amor permito que
mi vida sea como es
y que los demás
sean quienes son.*

PERMITIR

Permitir es expresar el amor más grande. No hay amor mayor que el que permite que todo lo que existe sea simplemente como elige ser. Permitir es no estar al servicio de la crítica. Permitir es no hacer juicios. Si verdaderamente vivimos de este modo, no estaremos donde no queremos estar. La vida nos ha permitido estar donde estamos. Cuando lo comprendemos, damos uno de los pasos más grandes que podemos imaginar.

En el hecho de permitir no existe la polaridad de lo que está bien y lo que está mal. Cada alma es su propia maestra y debe encontrar la verdad a su tiempo. Y esa verdad es relativa.

Lo inútil de la rabia crea el odio. Lo inútil de la condena crea la enfermedad. Lo inútil del juicio crea la guerra. Pero permitir es amar en la esencia más elevada posible del amor mismo, y al hacerlo la vida tiene sentido y finalidad, porque permitir es el sentido y la finalidad. Es amor.

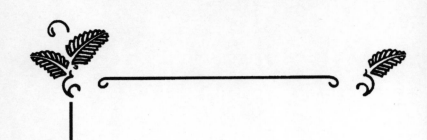

*Acepto el poder
de mis
pensamientos y
sentimientos.*

PODER

Con frecuencia el sentido del poder se atribuye al dinero, a la sexualidad o al intelecto. Vendrá un día en que el dinero desaparecerá, la sexualidad no existirá y el conocimiento será universal. ¿Cuál será entonces nuestro poder?

El poder verdadero es el sentimiento. Nuestras emociones intensas permiten que el pensamiento se convierta en experiencia. Somos los creadores de nuestro destino en todas sus manifestaciones.

El poder está también en el conocimiento de quién y qué es cada uno en su ser. No está en un objeto ni en un propósito, porque fue nuestro poder lo que los creó. No está en la sexualidad ni en el intelecto, porque fue nuestro poder lo que los definió. Y no está en los sueños ni en las fantasías, porque fue nuestro poder lo que los hizo manifestarse. Nuestro poder es la realidad de nuestra vida interior en cuanto energía en movimiento. Cuando por fin lo comprendamos y aceptemos, seremos humildes y sentiremos compasión y amor por toda la creación.

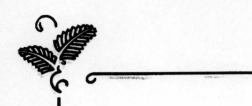

*Rodeo de
pensamientos
amorosos
y alentadores
a los líderes
políticos.*

POLÍTICOS

Aquellas personas que nos sirven en la política se han colocado en una posición precaria y sometida a escrutinio.

No esperes que sean perfectos; no son mejores que tú. Pero sí anímalos a dar ejemplo de mayor honestidad e integridad.

No esperes que cumplan todas sus promesas; suelen estar motivados por el ego incluso más que el resto de nosotros. Pero sí estimúlalos a hablar con justicia y compasión.

No los glorifiques ni los coloques sobre un pedestal; te desilusionarán cuando caigan desde sus alturas y los veas tal como realmente son. Pero sí exígeles que aspiren a vivir según los principios más elevados.

No esperes que tengan pasados intachables; ellos también son sencillamente almas en evolución que aprenden de sus experiencias. Pero sí ínstalos a tener una visión más esperanzadora del futuro y a trabajar incansablemente y sin egoísmo para convertirla en realidad.

Por encima de todo, envíales pensamientos amororos y alentadores, aun cuando se equivoquen. Después de todo, son nuestros dirigentes.

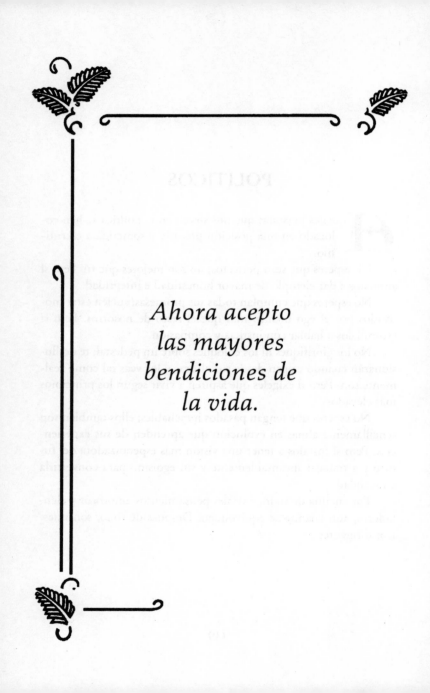

*Ahora acepto
las mayores
bendiciones de
la vida.*

POSESIONES

Creemos que poseemos nuestras cosas, pero con mayor frecuencia son ellas las que nos poseen a nosotros. Lo que verdaderamente poseemos son nuestros pensamientos y sentimientos. De hecho, no podemos poseer ninguna cosa, porque todo pertenece a la vida y al Universo. Gastamos mucha energía inútil para proteger y retener lo que queremos poseer, hasta que al final, cansados, lo soltamos. Entonces, su sabiduría es nuestra.

Seguramente podemos tener lo que deseamos, pero no permitamos que ese sea el fin o el objetivo, sino que sea un regalo en el fluir de la vida. Y cuando llegue el momento en que deba partir, dejémoslo ir con una humilde acción de gracias. Porque entonces podremos estar seguros de tener algo mejor de lo que hemos tenido antes.

¿Cómo vamos a tener espacio para las mayores bendiciones de la vida si no estamos dispuestos a dejar marchar lo que tenemos? La vida desea darnos más de lo que deseamos. Pero si deseamos sólo por motivos egoístas o antes de tiempo, entonces es probable que nos resulte difícil convertir nuestros deseos en realidad, y estaremos más poseídos por el deseo en lugar de ser los creadores de lo que deseamos.

*Acojo a todo el
mundo como a
un maestro,
y busco sus
perlas
escondidas.*

PREJUICIOS

Quien tiene prejuicios con respecto a otras personas aún no ha aprendido a tener compasión ni a comprender, y ve el mundo a través de ventanas muy estrechas debido a los juicios y el miedo.

En el transcurso del tiempo, durante el crecimiento de la conciencia del alma, todo lo que uno no entienda lo creará y verá en su propio ser. Cuando no se tiene compasión, se tendrá esa misma experiencia. Y lo que uno odie, en eso se convertirá. Esto forma parte de la ley de la vida.

Si encontramos prejuicios en nuestro interior, no es necesario que nos condene la ley, porque hay muchas experiencias pasadas y presentes a través de las cuales podemos aprender y crecer. Sólo necesitamos observar sin juzgar y permitir sin criticar ni condenar. Entonces la sabiduría y la comprensión de cada momento y de cada persona nos permitirá saltarnos la necesidad de la experiencia directa.

Si buscas un camino menos doloroso que el prejuicio, entonces ve por la vida con la verdad como objetivo, la alegría como guía, la paz como compañera, la risa como modo de expresión, y el amor como forma de ser. Acoge a cada persona como a un maestro, porque en todos hay perlas escondidas.

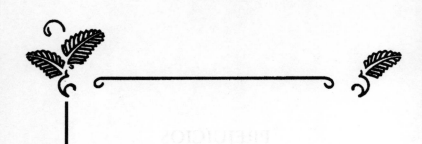

*Con amor
reemplazo la rabia
por una
comprensión
superior.*

RABIA

Cuando realmente te conviertes en un maestro, ya no necesitas escapar de la rabia. Aferrarse a la rabia, como solemos hacer, es acumular un veneno en nuestro interior que no se disipa en el momento.

La rabia es una negación mental del impulso del corazón a tener compasión y perdonar lo que vemos en nosotros mismos y en los demás. Lo que comprendemos y podemos perdonar en otra persona, lo hemos comprendido y perdonado en nosotros mismos. Lo que nos hace sentir rabia es nuestra lección del momento y una mirada a nuestro propio ser. Permite que la rabia sea una enseñanza, porque al negarla lo único que haces es negar una parte de ti. En un abrir y cerrar de ojos podemos quitar la rabia de nuestro interior buscando alcanzar una mayor comprensión. Y eso lo logramos con un amor incondicional hacia nosotros mismos y los demás. Entonces la energía de la rabia se puede usar como motivación para llevar a cabo lo que deseamos hacer.

*Admiro y respeto
a todas las razas
de mi familia,
la humanidad.*

RAZA

Cada una de las diferentes razas que forman la humanidad tiene una finalidad y es un regalo para las demás. Todos tenemos mucho que aprender de aquellos que tienen el color de la piel distinto al nuestro. Así como no se nos ocurre pensar que una persona nacida en jueves es mejor que una nacida en viernes, dejemos también de lado todo juicio referente a la raza o la nacionalidad. Todos somos seres humanos. El color que los ojos perciben está basado en un espectro de luz muy estrecho. Es mejor estar ciego que juzgar cualquier cosa de la vida sólo por su apariencia. Nos negamos muchos dones y tesoros cuando lo hacemos.

Nuestros pensamientos y sentimientos son una energía que sale de nosotros y rodea a las personas y cosas. En realidad, hacemos que éstas sean lo que pensamos que son mediante el poder de nuestros pensamientos y creencias, sobre todo si las personas no están lo suficientemente despiertas para darse cuenta y protegerse de nuestros pensamientos. Nuestro cuerpo tiene diferentes células para realizar ciertas funciones necesarias para la vida. De igual manera, descubriremos que cada raza tiene un don para compartir con todas las demás y así mejorar la vida y hacerla más dichosa. Busca en cada una solamente lo que puedes admirar y respetar y alienta su expresión. Entonces todos veremos el gran valor que hay en cada uno y no habrá necesidad de juicios ni de prejuicios raciales.

*Mi
recuperación
es un camino
de amor.*

RECUPERACIÓN

Cuando éramos niños, muchos de nosotros no recibimos el amor y los cuidados que deseábamos y merecíamos. Nuestro cerebro se llenó de pensamientos y sentimientos de enorme limitación. Después comenzamos a crecer y a darnos cuenta cada vez más de cómo esas limitaciones hacían que nuestra vida no fuera demasiado dichosa. Sanar y cambiar las creencias que son el resultado de las experiencias de la primera infancia es el proceso que llamamos recuperación. Lleva tiempo, de modo que seamos amables con nosotros mismos y démonos tiempo para adquirir conciencia y aprender a hacer otras elecciones.

Las experiencias de la primera infancia nos hicieron desarrollar identidades limitadas y mecanismos de defensa como consecuencia del daño que nos hicieron. Cuando éramos pequeños conocíamos la verdad, pero nos enseñaron a limitarnos. Nos rebelábamos, pero nos castigaban. Tratábamos de expresar nuestros pensamientos y sentimientos, pero nos los negaban e invalidaban. Y ahora buscamos liberarnos del dolor.

Comenzamos nuestra recuperación siendo sinceros con nosotros mismos. Deja de hablar negativamente, pero no niegues lo que sientes. El poder de los pensamientos y palabras positivos es maravilloso, pero es sólo un comienzo. Debemos cambiar también lo que sentimos, y eso lo logramos con más facilidad rodeándonos de amigos que lo han vivido y que comprenden lo que estamos pasando y lo que tratamos de curar. Así podemos desahogar las emociones que han estado obstaculizando nuestra dicha. Al hacer mejores elecciones, avanzamos, amamos y nos respetamos más a nosotros mismos.

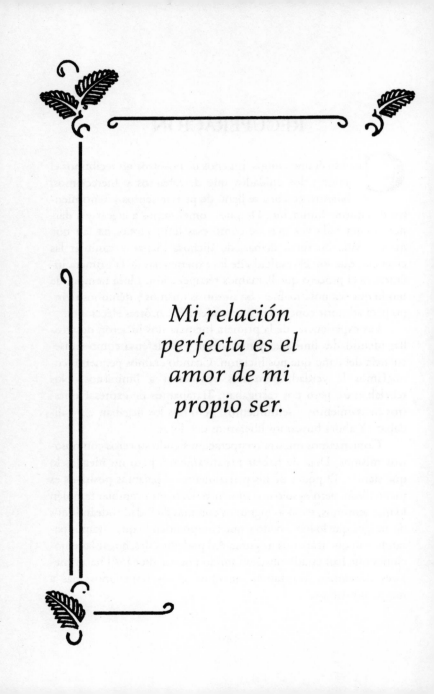

*Mi relación
perfecta es el
amor de mi
propio ser.*

RELACIONES

Deseamos conocer el sentido de nuestras relaciones con nuestras parejas y compañeros. Lo que realmente buscamos es nuestra propia comprensión y el amor por nosotros mismos. Nada ni nadie puede darnos la felicidad ni la realización. Eso debe provenir de nuestro interior. Porque, ¿quién te amará si tú no te amas?

No hay ninguna filosofía, movimiento ni doctrina que pueda enseñarnos mejor ni con más rapidez que aquella que ya está en nuestro interior. Busca conocer y expresar el amor que hay en tu corazón, por ti y por toda la creación, porque sólo en ello puedes encontrar el sentido, la comprensión y la realización que deseas.

Tu felicidad es responsabilidad tuya. No dependas de otras personas para ser feliz. Busca primero tener una relación contigo que ame, perdone y te permita ser. Sólo cuando te ames tal como eres podrás amar del mismo modo a otra persona. No te compares con nadie ni compares a ninguna persona con otra. Porque cada uno de nosotros tiene su lugar para siempre y cada uno debe encontrar su relación en el amor de su propio ser.

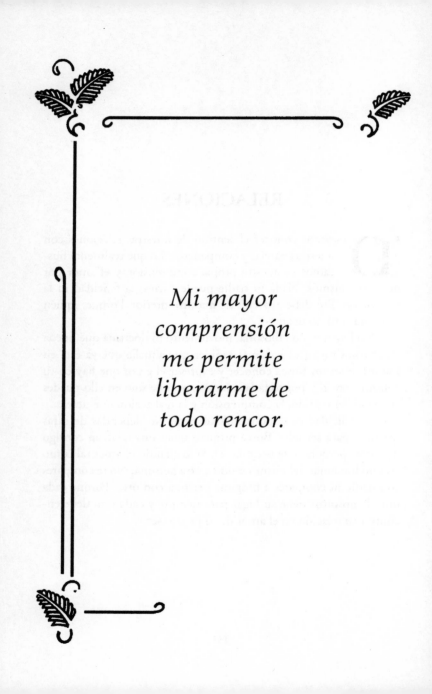

Mi mayor comprensión me permite liberarme de todo rencor.

RENCOR

El rencor es una forma de crítica y odio, y uno de los mayores impedimentos para la prosperidad y el bienestar. Si guardas rencor a cualquier persona o circunstancia de la vida, este sentimiento te atrapará y te estancará. La rabia que produce el rencor intoxica el cuerpo, y si se guarda mucho tiempo, contribuye a crear la enfermedad. La causa del resentimiento es el deseo de obligar a la vida o a otra persona a ser algo que no son. Hemos de aprender a dejar que las cosas sean como son y a amar sin expectativas ni condiciones. De otra manera sólo buscamos esclavizar a la vida, lo cual acaba por esclavizarnos a nosotros.

La vida es sencillamente lo que es. Lo que pensamos y sentimos de la vida crea nuestras experiencias. Liberarnos del rencor significa ver la vida desde más de una perspectiva. Siempre lo hacemos todo lo mejor que podemos, y lo mismo hacen los demás. Cuando realmente comprendemos esto, ya no necesitamos juzgar nada ni guardar ningún rencor. Solamente la identidad vana y limitada de nuestro ego se siente amenazada o resentida. Y cuando ya no necesitamos esa identidad, nos libramos del rencor.

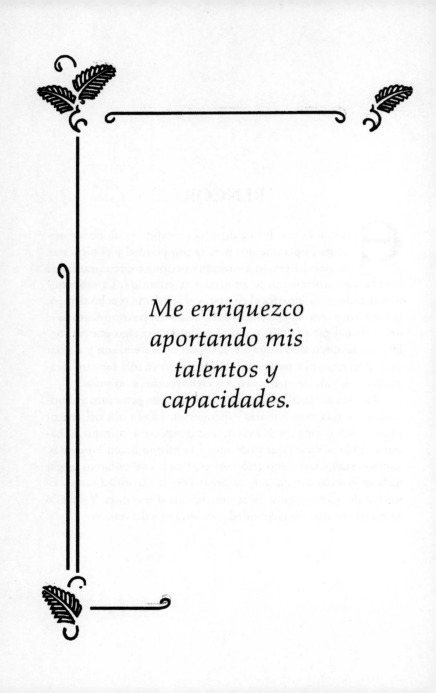

Me enriquezco aportando mis talentos y capacidades.

RIQUEZA

Ansiamos palacios de oro y camas de raso, festines, jolgorio y bebida sin fin. Pero se trata sólo de la codicia de la mente. En nuestro interior hay una semilla de verdad que debe crecer. Es el anhelo de amor del corazón y la sed de vida del alma. Ningún acto ni objeto puede saciar ese deseo fuera del callado descubrimiento de la verdad interior. Las cosas son meras ilusiones; en el mejor de los casos, símbolos de lo que verdaderamente buscamos.

Pero cuando encontremos y vivamos esa verdad, grande será nuestra recompensa. Porque la riqueza está dentro de nosotros, en el amor y la alegría que sentimos por la vida. Lo que damos a nuestros hermanos y hermanas nos lo damos a nosotros mismos. Lo que damos a la vida nos será devuelto en abundancia. Lo que damos, en realidad ya es nuestro. Pero si, por temor, nuestro único objetivo es quitarle cosas a la vida, entonces lo que cogemos también se nos quitará a su debido tiempo.

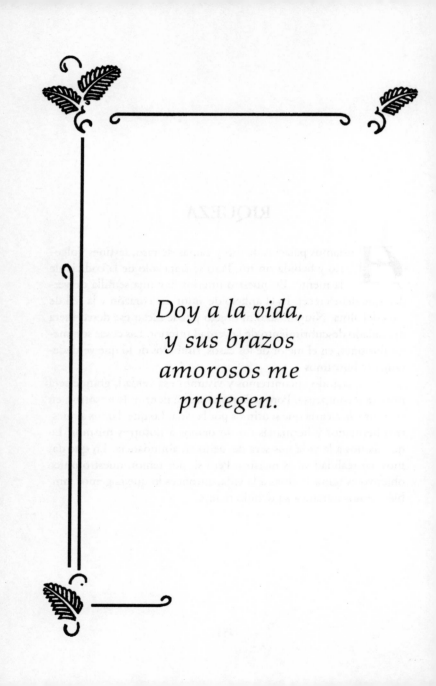

Doy a la vida,
y sus brazos
amorosos me
protegen.

ROBO

Nadie puede quitarnos lo que poseemos. Pero, ¿qué es lo que poseemos fuera de nuestros pensamientos y sentimientos? Pensamos que es malo que alguien nos quite algo. ¿Pero acaso nunca hemos codiciado también las posesiones de otra persona o envidiado su situación en la vida? ¿No hemos deseado quitarle algo a alguien, pero sin estar dispuestos a pagar el precio? ¿Quién es más fiel a sí mismo, el ladrón que vive según lo que piensa, o el que subrepticiamente lo desea todo pero no tiene nada? El robo se crea en el pensamiento, y el temor produce su manifestación.

Nadie nos quitará nada cuando demos a la vida con amor. Nuestra mayor protección está en nuestro interior. Nos sentimos mucho más seguros cuando aprendemos a confiar en nuestro yo interior. Si no le quitamos nada a la vida, la vida no nos quitará nada a nosotros. Cuando expresamos bondad o amor, compasión o comprensión, tolerancia o perdón, damos a la vida. Y la vida nos conducirá con amor y nos enseñará lo que hemos de hacer y dónde hemos de estar para sentir sus protectores brazos a nuestro alrededor.

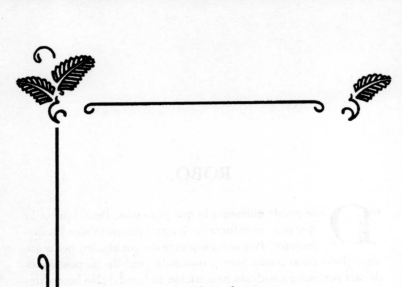

*Aprendo de mis
experiencias
y hago uso de
la sabiduría.*

SABIDURÍA

La sabiduría es el conocimiento, en el corazón y el alma, de lo que es amoroso y compasivo. No se encuentra en los razonamientos de la mente o el intelecto, porque éstos son sólo instrumentos para expresar la personalidad y el ego. Tampoco se define la sabiduría como la acción correcta, porque en el permitir sin juzgar no hay nada correcto ni equivocado.

La sabiduría es para el alma la emoción experimentada en la duración llamada tiempo.

Se adquiere simplemente permitiendo el sentimiento en las experiencias de la vida.

Se expresa en el propio silencio, en medio del ruido de los que se pierden en la confusión.

Se ve en el propio servicio, humilde y amoroso, mientras otros se quejan de su aciago destino e infelicidad.

Se oye en boca de un niño que aún no ha sucumbido al miedo ni a la limitación.

Se recuerda al tener compasión por nuestros hermanos y hermanas.

Y se vive en la rendición del ego al conocimiento superior interior.

La sabiduría es el don del alma para aquellos que aman la vida.

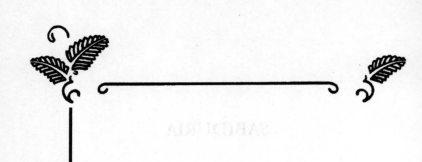

*Mi expresión
sexual es una
celebración de
mi plenitud.*

SEXUALIDAD

La relación sexual es una unión, no sólo corporal, sino también mental, emocional y espirirual. El deseo sexual es el impulso interior a unir plena y completamente aquellas partes de nosotros mismos que negamos o no sabemos que existen. Todos somos seres plenos y completos tal como somos. La expresión sexual es celebrar con otra persona el conocimiento de esa plenitud.

No te burles de la unidad que simboliza el acto sexual buscando solamente la gratificación física. Eso es un mal uso de la fuerza vital que anima nuestro cuerpo.

No hagas un dios de la sexualidad, porque entonces te arriesgas a que ella te posea, a perder tu libre voluntad.

Deja que el acto de unión sexual esté guiado y consagrado por el amor verdadero y el respetuo mutuo. Entonces no te crearás culpa alguna.

Deja que la unión sexual proceda del conocimiento de tu propia plenitud y no de lo que crees que no tienes.

Y no busques solamente fundirte con la apariencia de un cuerpo perfecto; desea unirte y conectar con el corazón perfecto del amor. Después, con el tiempo, cuando la fuerza vital se eleve hacia las partes superiores del cuerpo, seguirás disfrutando de la compañía de una persona amiga.

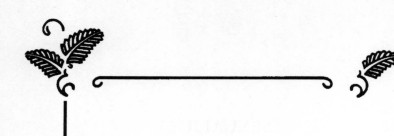

*Me concedo
tiempo para la
quietud y la
reflexión.*

SILENCIO

El silencio es un estado del ser en que nos abrimos y nos disponemos a oír la orientación y la sabiduría divinas que hay en nuestro interior. No depende de la ausencia de sonidos en el mundo exterior, sino de la ausencia de pensamientos limitados. Es conveniente acallar la mente y no tener ningún pensamiento para experimentar el silencio. En él se revela el conocimiento de uno mismo, y por eso muchas personas lo evitan, pero conocernos a nosotros mismos forma parte de la finalidad de ser y no se debe postergar. La vida se refleja en uno en toda ocasión.

Para entrar en el silencio, sencillamente cierra los ojos e imagínate que te llenas de luz. Eso nutre el corazón y el alma, y te permite una relación más íntima contigo. Dado que todas tus relaciones dependen de ese fundamento interior, es esencial que te concedas tiempo para el silencio y la reflexión, para sustentar el sentido del yo y el amor que has logrado. Si dedicas momentos cortos pero frecuentes a estar a solas, probablemente no vas a volver a sentir la necesidad de retirarte de la vida. En silencio descubrirás también que nunca estás solo, porque encontrás a tu mejor amigo.

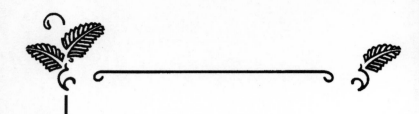

*Expreso
compasión y
comprensión
para aquellos
que no tienen
hogar.*

SIN HOGAR

La experiencia de carecer de hogar tiene muchas causas. Algunas personas se rebelan contra los valores tradicionales de la humanidad para buscar más libertad. Otras han sufrido pérdidas para poder aprender a agradecer lo que tienen. Algunas desean que la humanidad se encargue de ellas en lugar de responsabilizarse de sí mismas. Otras sencillamente se sienten sin hogar en la crueldad y frialdad que experimentan en la vida.

Sea cual sea la causa de la falta de hogar, ofrece al resto de la humanidad la oportunidad de expresar más amor, compasión y comprensión. Si la humanidad continúa juzgando a las personas sin hogar, negando su existencia o evitando afrontar los problemas que representan, entonces se corre el riesgo de que cada vez haya más personas sin hogar para que se produzca la comprensión.

Las personas sin hogar no son una carga. Simbolizan los aspectos enfermos y necesitados de amor de la experiencia humana. Son un regalo que ayudará a la humanidad a expandir la conciencia del amor y el deseo de más libertad. En esta época de grandes cambios, la vida puede mirarnos ceñuda con la misma facilidad con que puede sonreírnos, por mucho que pensemos que las cosas materiales que hemos acumulado nos protegen.

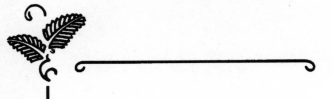

Tengo la capacidad de hacer que mis sueños se conviertan en realidad.

SUEÑOS

Mientras dormimos, nuestros sueños nos conectan con otras realidades, son visitas al pasado o al futuro y sugerencias para ver la vida de otra forma. Son símbolos de la fase evolutiva en que estamos, y soluciones a los desafíos a los que nos enfrentamos durante el día. Busca los símbolos y consejos que contienen tus sueños para comprender tu vida. En un sueño hay un tesoro de sabiduría.

Los sueños que tenemos despiertos son deseos no realizados que están a la espera de tu poder para crear. Son mensajes de mayores posibilidades que te envían tu corazón y tu alma. No dejes que tus esperanzas y aspiraciones se marchen como si fueran imposibles. Tu alma aspira a darte una alegría y una felicidad mucho mayores, sólo hace falta que te tomes el tiempo necesario para conectar con su orientación. La sensación de alegría es una de las principales señales de que estás en el camino correcto. Y con esa guía perfecta puedes ser el genio que hará realidad tus sueños.

*Mi trabajo es
un amoroso
servicio que
doy a la vida.*

TRABAJO

Cuando elijas tu trabajo, que la elección proceda del amor de tu corazón y no del temor de tu mente. Lo que se hace de corazón no busca la vanidad ni el orgullo, porque tiene su recompensa en la alegría interior y en el silencio del universo.

Cuando hagas tus tareas cotidianas, que esos esfuerzos estén guiados por la misma alegría, porque entonces los frutos se multiplicarán y el dolor disminuirá. Cuando se ve el trabajo con ojos llenos de alegría y el corazón desbordante de amor, las tareas se realizan en la fluida armonía y facilidad de la paz.

Cuando hablamos de cargas perdemos contacto con la finalidad de la vida. Ninguna tarea es dolorosa ni pesada cuando verdaderamente amamos y valoramos la oportunidad de servir a la vida. La vida nunca nos va a exigir más de lo que está dispuesta a darnos. Porque con amor el trabajo se convierte en juego y nosotros nos convertimos en niños embarcados en la gran aventura del descubrimiento.

*Soy muchísimo
más grande de
lo que jamás
imaginé.*

TÚ

Tú que lees estas palabras expandes tu mente. Que todo esto sea tu verdad o se convierta en tu verdad sólo depende de tu disposición a permitir mayores posibilidades en tu vida. Eres un ser bienaventurado, divino, mucho más grande de lo que tal vez has pensado jamás.

Eres un ser espiritual. No importa lo que haya sido o pueda ser tu vida humana, sólo es una experiencia. Tú no eres eso. Descubre quién eres realmente. Sé quien eres realmente. Ese es el mayor regalo que puedes dar o recibir jamás.

Que tu viaje por esta vida sea la más feliz experiencia de descubrimiento. Que la vida sea un patio de recreo para cambiar y evolucionar. Ríe con la mayor frecuencia posible. Que tus lágrimas te limpien de toda aflicción. Tienes un motivo muy importante para estar aquí. Y el motivo de cada persona es único. Disfruta de tus diferencias y de tu unicidad. Ama y sé ahora, en este momento.

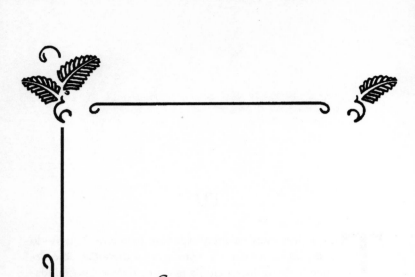

*Soy un ser
valioso y
amado
simplemente
porque existo.*

VALÍA

En nuestros pensamientos y sentimientos solemos equiparar valía con productividad. El universo nos sonríe, no debido a alguna tarea que podamos realizar, aunque cuando trabajamos con amor damos a la vida y disfrutaremos de su recompensa. La vida nos da, no por lo que podamos decir, sino simplemente por ser. Y aunque hablemos con elocuencia de las verdades que conocemos, nuestras palabras muchas veces esconden temores desconocidos.

La vida siempre nos ama, no por nuestros pensamientos o sentimientos, sino porque somos expresiones de amor. Y ya sea que nos elevemos en armonía con las águilas o nos revolquemos en el lodazal de aparentes desgracias, nuestros pensamientos y sentimientos son solamente instrumentos para crear.

Nuestra valía y nuestro mérito están simplemente en nuestro ser. No demos importancia a las apariencias externas, porque es mejor ser ciego que juzgar por las apariencias. No abandonemos nuestro poder en las palabras de otra persona, porque cada uno es su propio maestro, y es mejor ser sordo que aferrarse a palabras ajenas cuando nuestra propia verdad está esperando en nuestro interior a que la descubramos. Y no permitamos que nuestras posesiones nos posean, porque somos más libres sin nada que envueltos en las ilusiones de lo material. Valemos simplemente porque existimos.

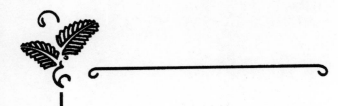

Mi respeto por la vida me permite encontrar la verdad.

VERDAD

Buscamos la verdad, pero la verdad que buscamos es una moneda de muchas caras. No podemos aprender la verdad sólo con la mente, porque la verdad es una experiencia. No podemos encontrar la verdad en el mundo, porque el mundo es solo vana imaginación. No podemos encontrar la verdad en nuestro corazón si éste no ha aprendido a amar. No podemos conocer la verdad en nuestra alma cuando no tenemos respeto por la vida. Y no podemos estar en la verdad si vivimos en el temor.

Cuando ya no juzguemos según la polaridad de bueno y malo, entonces habremos encontrado un camino hacia la verdad. Cuando podamos oír la sinfonía del silencio, habremos escuchado la música de la verdad. Cuando encontremos el significado en una brizna de hierba, habremos tocado la orilla de la verdad. Cuando nos elevemos como los pájaros en el aire, encontraremos la libertad de la verdad. Cuando ya no estemos divididos, estaremos en presencia de la verdad. Y cuando ya no la busquemos, la verdad nos encontrará a nosotros.

Me amo por todo lo que he experimentado.

VERGÜENZA

La vergüenza es sentir que en nosotros hay algo malo. Cada uno es un alma en evolución y crecimiento. Para crecer y evolucionar hay que experimentar la vida, y con esa experiencia se adquiere sabiduría. Cuando recurrimos a esa sabiduría, percibimos mejores opciones y elecciones. Sin la experiencia, nuestras opciones son vagas o desconocidas.

Parezca lo que parezca lo que experimentamos, es consecuencia del impulso del alma por conocer todo lo que contiene la vida. Hacer algo aparentemente «mal» por ignorancia no es un delito para el universo, porque vivimos por la gracia divina. Pero no hacer caso de lo que se sabe sólo para satisfacer algún deseo o codicia, es olvidar el amor y la sabiduría interiores.

La conciencia es una sana vergüenza, la reflexión de la sabiduría para ayudarnos a hacer elecciones apropiadas. Pero vivir sintiendo vergüenza por el propio ser es decir que está mal aprender de la experiencia. Eso va contra los principios de la vida y nos mantiene en la limitación. Para sanar la vergüenza, ámate por todo lo que has experimentado y date permiso para aprender de ello.

*Me dispongo
a ver la
divinidad en
toda la vida.*

VISIÓN

La visión física indica la disposición a ver la vida tal como es y a nosotros mismos tal como somos. Tenemos problemas de vista cuando hay aspectos de nuestra vida que no queremos ver. La vista también es un símbolo de la comprensión de lo que se ha experimentado en la vida.

La imaginación es la visión interior que nos permite ver y crear mejores posibilidades para nosotros mismos y los demás. A aquellos que aspiran a ideales más elevados para la humanidad los llamamos «visionarios». Estas personas ven un futuro mejor, pero no siempre ven los primeros pasos necesarios para llegar a él. Otros sólo ven problemas en su vida y les resulta difícil reconocer cómo se crearon esas dificultades o cómo cambiarlas.

Para tener una mejor visión, física y espiritualmente, cambia tu percepción de la vida. Has de permitir y amar el cambio en el interior de tu ser. Si lo fuerzas, es como estirar una cinta de goma; volverá a encogerse y quedará como estaba. Ver amorosamente la vida como un proceso de crecimiento y evolución es abrazar la oportunidad de cambio positivo que es a la vez permanente y dichoso. Ve a los demás y a ti como seres divinos y tu visión será perfecta.

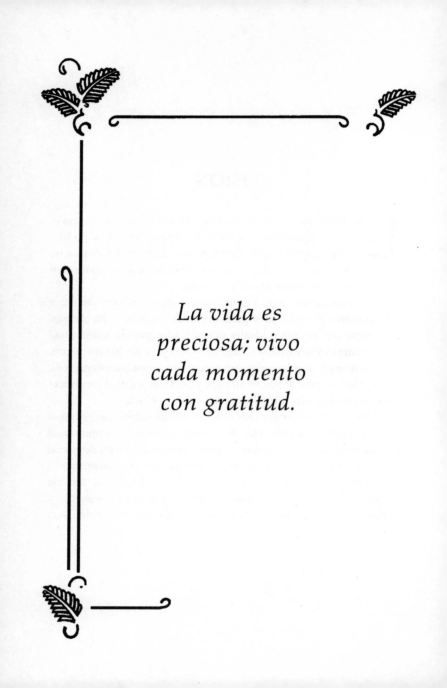

La vida es preciosa; vivo cada momento con gratitud.

VIVIR

No vivas con temor ni con odio, para no crearte esas experiencias.

No vivas juzgando ni condenando, porque la vida te devuelve lo que eres.

No vivas con orgullo, fariseísmo ni arrogancia, porque la caída desde esas alturas es ciertamente dolorosa.

No vivas codiciando ni envidiando, porque el universo es abundante y satisface todas tus necesidades.

No vivas sólo para ti, porque de ese modo sólo perecerás.

No vivas en el ayer ni en el mañana, porque no existen.

No vivas sin amor, porque en tus amorosas oraciones a la vida encontrarás todo lo que deseas.

Que tu vida sea una consagración, con el amor de tu corazón, a alentar y animar a todos aquellos que tienes la gracia de conocer.

Vive cada precioso momento dando las gracias a la vida, para que cuando la vida te dé su ilimitado yo, puedas devolvérselo gloriosamente.

Y finalmente, recuerda que la vida sólo te garantiza la oportunidad de participar.

Todo lo demás es una elección.

*Conecto con mi
yo superior
y mi vida se llena
de milagros.*

YO SUPERIOR

El alma y el yo superior son aspectos de nuestro ser con los hemos perdido contacto en nuestra conciencia. No están separados de nosotros, sino que son partes mucho más perceptivas y poderosas. Mediante el poder del alma y del yo superior se hacen realidad los deseos del yo consciente y se convierten en experiencia.

La sabiduría del alma es la emoción que se experimenta en la vida. Esa es una de las razones por las cuales es tan importante no negar los sentimientos ni las emociones, sino permitirlos, reconocerlos, validarlos y comprenderlos. Muchas personas han negado durante demasiado tiempo lo que realmente sienten acerca de las experiencias de su vida. Las experiencias que se repiten una y otra vez suelen representar enseñanzas que no hemos aprendido, o una sabiduría que hemos negado.

El alma y el yo superior se comunican con el yo consciente por medio del deseo y la emoción. La vocecita aún débil del yo superior es ese suave impulso a hacer algo, muchas veces por el sencillo placer de la diversión. Pero el yo consciente juzga basándose en las perspectivas limitadas de las apariencias percibidas por los sentidos físicos, que son sólo un estrecho espectro de todo lo que contiene la vida. El alma y el yo superior perciben una gama de posibilidades mucho más amplia, y por eso su contacto con la mente consciente se basa en un conocimiento mucho mayor. Al conectar con el yo superior y seguir su guía, nuestra experiencia de la vida se hace más plena y se llena de amor, alegría, felicidad y milagros.

Notas

Notas

Notas

Notas

Notas

Notas

Notas